ヤマケイ文庫

イーハトーブ釣り倶楽部

Murata Hisashi 村田久

Yamakei Library

父さんの川——まえがきに寄せて

十月初旬に、北海道へ二泊三日の旅をした。これは急に思いついたわけでも、行きあたりばったりの旅でもなかった。おおげさな話と思われるだろうが、ぼくには十八年前、ひそかに心に誓ったことがあった。それが、今回の北海道行きにつながっていた。

両親の故郷である北海道瀬棚《せたな》郡瀬棚《せたな》町で、昭和十七年にぼくは生まれたことになっている。だが、生まれ故郷のことは何ひとつ記憶になかった。それもそのはず、ぼくが物心つかないうちに両親は北海道を離れたのだという。このことは、ぼくが成人してから知った。

なぜか両親は、息子のぼくに故郷のことをあまり話したがらなかった。話したくない複雑な事情が、故郷にあったのかもしれない。

ただ、父さんは、ぼくが小学生になるとたまに川に連れていってくれた。そして気が向くと、故郷の川について話してくれることがあった。父さんが遊んだ故郷の川は「馬場川《ばばがわ》」といった。

父さんの釣りの共《とも》をするうちに、見よう見まねで、ぼくは釣りを覚えていった。中学生になると、もういっぱしの釣り師気取りで、父さんと一緒に釣りができるようになっていた。

高校を出てすぐに就職したぼくは、はじめて釣りの旅に出た。奥羽《おうう》山地の深い渓、西和賀《にしわが》の川ではじめて対面したイワナの息を呑むほどの美しさにとりこになった。しだいに父さんと釣りをしなくなり、一匹狼となって渓をさまよっていた。

そんなぼくを、父さんはいつも黙って見てくれていた。

十八年前、体調をくずした父さんは入院した。検査の結果、腹部にリンパ系の腫瘍ができていることがわかった。手術したが、思わしくなかった。

しばらくのあいだ、ぼくは病院から職場に通った。

久しぶりに、二人でたっぷりと釣りの話ができた。いつも父さんの故郷の「馬場川」の話になった。サケ、マスが上る川は、海辺近くから釣りができるという。今ごろはでかいアメマスやサクラマスが上っているころだ、と目を細めた。

「父さん、馬場川に行ってみたいだろう」

つい、言わなくてもいい言葉が、口を滑ってしまった。父さんは、岩手に根を下ろしてから、一度も北海道の地を踏んでいなかった。尾羽《おば》うち枯らしておめおめと帰れるか、という明治生まれの頑固一徹さがそうさせているようであった。

「おめぇがよ、行けたら、行ってみてくれ。馬場川はいいとこだ」

父さんは、ふっと寂しげな顔になった。

それから一か月ほどして、父さんは亡くなった。納骨の際、ぼくは小指の爪ほどの骨を二つフィルムケースにこっそりとしまいこんだ。

そのときから十八年目にして、ようやく北海道行きの念願がかなったのだ。

嬉しいことに、ぼくを気遣《きづか》って、手作りカーボンロッドのメーカー「カムパネラ」の宇田《うだ》清さんが車の運転を買ってでてくれた。まだ夜が明けないうちに、函館の港にフェリーは着いた。車を走らせ、瀬棚町にたどり着くころには、しらじらと夜が明けていた。

橋があり、数戸の集落が見えた。橋のそばに木造の小学校があった。「馬場川小学校」の表札がある。川岸に車を止めて、宇田さんとぼくは、川面をのぞきこむ。流れは清らかで、底石まで透きとおって見える。馬場川だ。父さんの川だ。釣りの支度をして、田んぼの畦道《あぜみち》を通って川岸に降りた。

最初に宇田さんのサオがしなった。小さなヤマメが毛バリをくわえたのだ。きれいなヤマメに二人はちょっとの間、見とれた。とにかく二人は、ずんずんと上ってサオを振った。

宇田さんのうわずった声が上がった。でかい、でかいという声に駆け寄ると、弓なりにサオがしなっている。三十センチのほどのアメマスが川岸に横たわった。今度はアメマスがぼくの毛バリをくわえた。水しぶきが上がった。三十センチはゆうに超えている。二人には、これで十分であった。

ぼくは、持ってきたフィルムケースから父さんの骨片を取り出し、緩やかな流れにそっと落とした。小さな骨は、キラキラ光りながら流れの底に沈んでいった。ぼくは掌《てのひら》を合わせ、じっと目を閉じていた。

と、宇田さんがぼくの脇腹をつつき、目の前の流れを指差した。サケだ。それも二匹。番《つが》いに違いない。海から上ってきたのだ。二匹のサケは、父さんの骨片が沈んだあたりを寄り添いながら、行ったり来たりしている。産卵の準備をしているのだろうか。

身じろぎもしないで、ぼくは二匹のサケを見続けていた。

北海道から帰ると、『イーハトーブ釣り倶楽部』の校正刷りが、出版社から届いていた。読み返してみると舌足らずの文章ばかりが目につき、四苦八苦して書き直した箇所もある。拙い作品が一冊の文集になる。不安であり、とても怖い気がしている。

本を刊行するにあたり、多くの人々にお世話になりました。釣りの仲間や友人たち。それに陰ながら応援してくれた、作家の塩野米松さん。本当にありがとうございました。

二〇〇〇年　村田久

イーハトーブ釣り倶楽部——目次

第一部

狼の渓　13
拾った四十四センチ　22
鴨ドロボウ　30
風の釣り　39
屁っぴり虫　48
マムシ　58

バス停 65
玉蜀黍 74
釣れない日 79
神さまの川 88
夏の子供 97
ビル・バランの憂鬱 105
モンシロチョウ 113
疵——きず—— 122
かむら旅館 131
川マツモ 138
雪っこイワナ 146

山学校 155
ランディングネットのカワネズミ 164
赤い帽子 172
マタギの遺言 177
タキタロウの川 185
根曲がり竹 194
兄川 201
メダカの学校 209
六月の雨男 217
弟のヤマメ 226

第二部
追憶の遠野行　235
蝉しぐれ　250
あとがき　262

挿画＝幸山義昭

第一部

狼の渓

昔、奥羽の和賀《わが》山地に狼が生息していたという話を、沢内《さわうち》村の貝沢《かいざわ》に住む元マタギの老人に聞いたことがある。沢内村は岩手県の西側、秋田県と隣り合わせの山国で、かつてこの地に熊撃ちの集団がいた。「沢内マタギ」とも呼ばれた。

狼は、明治の少し前まで生存していたらしい。沢内村に現存する、藩制時代からの村の出来事を日記風に綴《つづ》った『沢内年代記』には、藩の命で村人は賦役《ふえき》として〝狼狩り〟に駆り出され、狼を捕らえた者には役人よりなにがしの褒美《ほうび》が出たと記録されている。

一時期、テレビなどで狼の生存が話題になったことがある。日本の森にはもはや狼は生息せず絶滅したという見解と、いまだにひっそり生き続けている痕跡があるという生存説が取りざたされたことがあった。

ぼくは、自然界において、何かが絶滅したという事柄になると、何をもって絶滅という決定を下すのかわからなくなりふと考えこんでしまうことが多い。狼は、この奥羽の渓《たに》のどこかに生きている。そう思いたかったし、狼がしたたかに生息している雰囲気を、和賀の森はいまだに抱えていた。

いつか狼に会えるかもしれない。その気持ちはいまも変わっていない。


和賀川水系の北本内川《きたほんない》は、長年通いつめた好きな渓の一つだ。だが、十数年前ここにダムを造る計画が持ち上がった。ダム工事の調査で流域は俄然騒々しくなった。ひんぱんにトラックが出入りし、地質調査といって山に穴をあけ発破《はっぱ》をかけた。マタギしか踏みこむことのできなかったブナの原生林を縫う清冽な渓谷は、林道が拡張され、ブナの伐採が渓沿いに奥へ奥へと延びていった。自然破壊だと、ダム建設に反対する声も多かった。ここにきて地盤がもろいということでダム建設の休止が発表された。

ひとまずダム建設は回避されたが、年を追うごとに北本内川は変貌していった。それでも、渓に眠る楽しさと清らかな流れに棲《す》むイワナ、ヤマメの美しさを教えてくれた北本内の渓は、ぼくにとってはいつになっても心安まるねぐらであった。

あと数日で八月も終わろうとしていた。

無性に北本内川へ出かけたかった。渓川の水でコーヒーが飲みたかった。

車のトランクに、寝泊まりする小道具を詰め込む。日差しの強い午後だ。こんな日には一刻も早く涼しい場所へ逃げこみたい。

人当《ひとあて》の集落から山あいの道を進むともうそこは北本内川の渓谷で、すぐ林道のゲートに出くわす。車のわだちが残る荒れた林道の区間を過ぎると、しばらく深く切れこんだ渓谷を真下に眺め、崖際の狭い山道を進む。ちょっと怖い。ゆっくりと慎重にハンドルを操る。たまに林道に石が転がってたり、車のわだちが残る水たまりにぶつかる。だいぶのろのろ運転をしていたら、川と道が平行になり、ようやく澄んだ穏やかな流れが目に飛びこんでくる。思わずほっとする。ハンドルを握っていた掌《てのひら》がじっとりと汗ばんでいた。森閑とした四方の森をふるわせてエゾアカゼミの鳴き声が届く。

ひんやりした緑陰の道を行くと、前方に人影が見えた。木の枝を杖代わりに、地下《じか》足袋《たび》をはき、脚絆《きゃはん》を巻いて、腰には風呂敷包みと竹カゴを結わえている。帽子も被らないでとぼとぼと歩いていく。この時期、山菜採りでもないし、林道工事の作業員でもなさそうだ。

よほど車を停めて声をかけようと思ったのは、バックミラー越しに斜めに背負った背中の長い袋物が、釣りザオに見えたからであった。それに、ちょっと腰をかがめて杖をついて歩いている姿はずいぶんと年寄りの風体《ふうてい》であった。

それにしても、この長い林道を歩いてどこへ行こうとしているのだろう。やはり行き先を聞いて車にのっけてやればよかった。

いつもテント場と決めている、小又川《こまた》との出合いには誰も見えず本日貸し切りだ。林の陰に車を押し込み、椅子、テント、テーブルなどを汗だくになって、何度か往復して川原に運ぶ。川岸の平らな場所を選んで、テントを張り終え、ひと息入れる。

山並が高いせいか、流れにおおいかぶさるように、森の緑が影を落とし、時おり川面を渡って涼しい風が吹いてくる。椅子にどっぷり腰を下ろしたまま足を投げ出して、しばらく目を閉じていた。

気持ちよく汗が引いていく。釣りでもしようかと、気持ちが少し動いたが止めた。夏の午後なら、昼寝が一番だ。どうせ本日はここがねぐらとなる。あわてることはない。夕方の時間のほうが魚は活発にエサを漁《あさ》るものだ。このままうたた寝のほうがずっとましな気がした。夕《ゆう》マズメの一尾があれば、それで充分と、まあそんな図式を描いてみた。

涼しい風と日の陰りで、ふと目を覚ます。川面の輝きは消えて、日暮れの青い帳《とばり》が、渓を埋めつくそうとしていた。毛バリを振って魚を掛けようという気持ちは、もう失せていた。夕食は持ってきた握り飯と、味噌汁という手軽なものになった。焚火と温かいコーヒーがデザートだ。焚火にくべる枯木がなくなったのをしおにテントの中にもぐりこんだ。

テントの明かり窓から、うっすらと差しこむ朝の光に目覚めた。よくも、こんなにぐっすり寝たものだ。頭のてっぺんから爪先まで心地よい眠りがしみこんでいて、このまま起きるのがもったいないくらいだ。

瀬音が耳に響き、小鳥のさえずりもかすかに届いてくる。地面を這うような低い呻《うめ》き声はエゾアカゼミだ。朝を告げる森のざわめきに促《うなが》され寝袋から抜け出る。湯を沸かし、コーヒーを淹《い》れる。レーズン入りのパンにチーズ、いたってシンプルな朝食だ。川下から爽やかに吹いてくる風が、頬をなでてゆく。谷間に降り注ぐ光の帯は、ガラスの滴となって森の樹木をしたたり落ちる。ゆっくりと渓の朝は目覚めていく。

コーヒーをもう一杯飲もう。後かたづけなどどうでもいい。日が高くならないうちにサオを振り、飽きたらまたテントにもぐり込めばいい。今日一日、好きなことをやり、ただぼおーとしていたかった。

ロッド一本片手に林道を歩き本流の上手から渓へ降りる。うっそうとした森が川に迫《せ》り出して、両岸に覆い被さるように樹木が枝を広げている。薄暗い渓が上手に延びている。

毛バリを放る。起きたばかりの身体が少しずつリズムを取り戻していく。また、毛バリを放る。水面を滑る毛バリが、朝の光の中に小さな生き物みたいに震える。ガラスのような透明な流れだ。イワナ、ヤマメの魚影はない。それでもあの一瞬、魚が水を割って飛沫を上げるシーンが言いようのない誘惑となって、いつもぼくを引きずっていく。

小さな淵を抱えた岩壁の角を二つほど曲がると、浅い瀬が連なる平場があらわれる。森が遠くなり、川岸の樹木が切れて、そこだけぽっかりと穴があいたようだ。川面が朝の光にキラキラと輝いている。こんな日溜まりのような箇所でイワナ、ヤマメはエサを漁っているはずだ。ことさら慎重に、毛バリを流れに落としこむ。樹林を縫って木漏れ日が水面に光の影をこぼす。平瀬をしばらく歩きながら、岸寄りから時には背を低くして毛バリを投げてみるが、まったく魚の出はない。いいかげん投げやりになってきたとき、後ろの曲がり角からひょいと人影が躍り出たのを目の端にとらえた。見覚えがあった。昨日、林道ですれ違ったあの老人に違いない。今日は右手に長い釣りザオを持ち、左手に杖を突き、手ぬぐいで頬被りをした出で立ちだ。やはりあの長い袋物は釣りザオであった。いま、あの老人がこの渓にいるということは、夕べ渓のどこかでひと晩を明かしたことになる。だが釣りをする様子はない。ぼくのあとをついてくるだけだ。

ぼくは川原の石に腰をおろし老人を待った。老人を先に行かせたかったのだ。だが老人は立ち止ったままだ。しかたがなくぼくは立ち上がり、上流に足を運ぶ。ときどき気になって振り返っては老人の様子をみるのだが、サオを出すふうでもなく、つかず離れずついてくる。

ぼくはできるだけゆっくりサオを振りながら、老人との間合いをつめることにした。岩の陰に隠れて、老人が来るのを待った。岩陰にぼくがいるのに気がついてギクリとした表情で老人は足を止めた。頬被りの手ぬぐいを取り、頭を下げる。「釣りですか」と言ってぼくも挨拶を返す。老人は杖を突いたまま何かボソボソと言ったが声が低くて聞き取れない。しきりに申しわけないといった意味のことを繰り返し、何か謝っているようであった。

とにかくぼくは木陰に老人を招き入れ、二人で川原に腰を下ろす。

老人のつぶやくような声が瀬音に遮られて切れぎれの会話しかできない。何とか聞き出した話の概要はこうだ。

老人は西和賀《にしわが》の陸中川尻《りくちゅうかわしり》に住み、昨日電車で和賀仙人《わがせんにん》駅を下車、徒歩で北本内《きたほんない》川に入ったのだという。林道の入口からおよそ十キロほどにある山の斜面に祀られた『山神さま』に詣でるためで、例年なら十二月初めに毎年参拝していたのだが、足腰が弱ってもう冬場は来ることはできないだろうと思い切って昨日出かけてきたのだという。

北本内川の林道沿いにある『山神さま』の建立にはこんな実話がある。

いまから二十数年前の雪の降る日、林道工事で事故があり数人の人がなくなり、それを供養するために『山神さま』が祀られたという。その大事故の日が十二月の初めと聞いたことがある。

老人はその時の事故に遭遇した一人だという。運悪く亡くなった仲間に近所の遊び友だちがいて、毎年線香を上げにくるのだと言った。

「あいづはイワナ釣りが好きでよ。よぐ二人してこの渓で釣ったもんだ。なにも、尺ものばかりでよ。めちゃくちゃ捕ったもんだ」

老人、いやじいさんのひと言ひと言がようやく聞き取れるようになった。

「熊撃ちもよぐ二人でしたもんだ。この渓は庭みてえなところでよ」

じいさんは昨夜は、小又川の橋のたもとで夜を明かしたという。ぼくの目と鼻の先に老人がいたことになる。これでこの渓は見限りだから、せめて釣り好きの仲間にイワナを供えようと昨日からサオを振っているが、一尾も釣れないのだという。勘も鈍ってしまい、腕の力もなくなりサオを振るのも辛く、だからぼくのあとをついてきて釣ったら一尾分けてもらうつもりであったという。そう言ってじいさんはまた頭を下げた。ぼくは返事に困った。イワナが釣れるかどうか自信がなかったのだ。しょんぼりしたじいさんを見るとなんとかしてやりたいという気持ちも動いた。

ぼくは緊張して、真剣に毛バリを振った。薄暗い対岸の岩場のえぐれでピチャと水しぶきが上がった。腕を上げると十三センチほどのちびっこイワナが掌に乗った。振り向いたら、じいさんは黙っている。もう少し大きいイワナが欲しいのだ。

もう、しらみつぶしに毛バリを水面に放り投げていく。大分釣り上がった平凡な平瀬で、毛バリが流れきった下手でギラリと水面が光った。ゴトゴトと底を持っていく。でかい。これを逃がしてはならない。慎重にイワナの引きをこらえた。水しぶきを上げてイワナが手もとに寄る。二十四、五センチはあるイワナだ。両手で押さえつけ、じいさんに差し出すと、じいさんは深々と頭を下げ、熊笹でくるむと風呂敷包みに収めた。これから『山神さま』に詣でて、林道を下るという。車で送るというのを、見納めの渓をじっくり見て帰りたいからとじいさんは断る。

「じいさん、この森にまだ狼はいますかね」

つい何気なくぼくは言葉を発していた。

じいさんは振り向いてちょっと怪訝《けげん》そうな顔つきになる。そして、周囲の森を見渡すと、声にならない笑みを浮かべた。

拾った四十四センチ

誰だって釣れる魚は小さいより大きいほうがいいに決まっている。釣りをやっているなら一度くらい尺ヤマメや尺イワナにお目にかかりたいと願うのは正直な話だ。だが、大ものに出くわすなんてことはそうざらにあるものでない。

弁護士をやっている清野《きよの》秀治《しゅうじ》さんはぼくの友人の一人で、大の釣り好きである。自分で下手の横好きといってルアーにエサ釣り、テンカラ釣りと気が多く、数年前から毛バリにも手を出していた。大ものねらいで、まだこれといったでかい魚を釣りあげたことはなかった。尺ものを釣ったらキープして剝製《はくせい》にするのが夢だというのが彼の口癖でもあった。

たまに彼と一緒に川を歩くことがあった。流れの前に立つと、柔和な彼の顔つきが一変した。優雅なサオさばきとはほど遠く、毛バリ竿を構える姿は精悍そのもので、さながら獲物を追うハンターであった。

たかが遊びの釣り、何もそんなに肩肘を張ることもないと思うのだが、そんなことを気軽に言えない雰囲気を、彼はいつもまとっていた。もしかすると、毛バリ釣りなら一発大ものが掛かるのではないかと彼はひそかに期待していたのかもしれない。

流れを蹴散らしながらサオを振っていく。まごまごしているとどこかへ彼は消えていて一人置き去りにされてしまうこともしばしばであった。

あとを追いかけながら川を上がって行くと、いい加減な距離で彼は待っていた。岩の上に腰をかけたり川原に足を投げ出して、浮かない顔をしていることが多かった。聞かなくてもわかった、魚は釣れていないのだ。

「いくらやっても難しいよな、フライフィッシングは」

釣り始めの元気はどこへやら、帰りにはいつもしょんぼりしていた。何にでも凝り性の彼であるが、なぜか毛バリ釣りには手こずっているようであった。

そうこうしているうちにぱたりと彼の音信が途絶えてしまった。こっちも忙しさにまぎれて彼への連絡を忘れてしまっていた。

彼は釣りをやめたわけではなかった。ある日、釣り仲間がこっそり教えてくれた。清野さんは毛バリ釣りを諦《あきら》めてエサ釣りで相変わらず大ものに血道を上げているという。まだ大ものは釣れていないようだ。なぜなら釣りあげたならきっと周囲に吹聴しまくり、一時も黙ってはいられない性格だからだ。釣りの噂話は、電光石火の速さで伝わってしまうものだ。

何年ぶりかで暑い夏が戻ってきた。空梅雨《からつゆ》で雨は少なかったが、野アユの天然遡上と放流された稚アユの育ちがよく、久しぶりにアユ釣りは活気づいていた。

そんな七月の上旬過ぎに突然清野さんから電話が入った。しばらくの御無沙汰に挨拶もそっちのけで、六月まで稚アユ放流のため川止めになっていた海沿いの川がよさそうだから明日にも行ってみないかという。本当のところアユ釣りに食指が動いていた矢先だったので、ちょっと迷ったが、およそ一年ぶりの彼の誘いを断るわけにはいかなかった。

昨夜から熱帯夜で、朝になってもうだるような熱気を大気は孕《はら》んでいた。雲ひとつないまぶしい青空があった。灼熱の暑い一日になりそうだ。

清野さんの車に便乗し、途中もう一人乗せた。彼の友人で千葉さんといい、印刷会社に勤めている。総勢三人だ。

夜が明けたばかりなのに日差しが強い。山越えの道にかかると、もう蟬の声が開けた車の窓から押し入ってくる。暑い夏のせいか、蟬の鳴き声が普段の年より賑《にぎ》やかな気がする。

狭い山あいの道が開けると数軒の村落があらわれた。道端に急ごしらえのほったて小屋がポツンとある。農家が栽培した、採りたての新鮮な野菜や果物を並べてある無人売り場だ。この頃あちこちでよく見かける。三人は車を降りて小屋の中を覗きこんだ。ピーマン、ナス、トマトに青物、天候がよかったのか早くもトウモロコシまである。形は不ぞろいだが、いかにも朝早く採ったばかりというつややかさがあった。

いつもながら、なんでも一袋百円とは安い。三人が二、三品ずつ買うと店の品数はごっそり減ってしまった。お金は赤いポストの貯金箱に入れる。これで家へのみやげ物ができた。

陸前矢作町《りくぜんやはぎ》から気仙《けせん》川沿いに走ると、いる、いる、アユ釣りがまんべんなくサオを立てていた。やはり、野アユの追いは本物のようだ。

アユ釣りの隙間にもぐりこむのも厄介なので、どうしようかと上流へ走る。

とうとう世田米《せたまい》の上流を通り過ぎ、支流の大股《おおまた》川にさしかかっていた。さすがにこのあたり、アユ釣りの姿は見えない。うろうろしてもしかたがない。試しにこの流域を探って、午後にでも本流に下がってみようということに三人で決めた。

大股小学校付近を過ぎると、川岸は道から遠くなり山が狭《せば》まって涼しい緑陰が川辺を覆う箇所もあらわれてくる。

清野さん、エサ釣りかと思ったらそうでなく、澄ました顔で毛バリ竿を継いでいる。

清野さんは先頭ぼくは二番手で、エサ釣りの千葉さんは川底の川虫を採りながら釣り上がるので、しんがりにしてほしいということであった。

　水位は低いが毛バリには手頃な水の量で、流れは澄んできらめいている。岩の陰からいきなりイワナが飛び出し、毛バリを追いかけた。落ち込みに毛バリが消えたので、イワナは毛バリを探してキョロキョロしている。ドキドキしている胸を押さえて、慎重に岩の横に毛バリを落とす。バシッと水音がした。今度はきっちり、毛バリをくわえこんだ。二十センチほどのきれいなイワナが手もとに滑りこんでくる。

　二度楽しんだので、何となく儲けた気分になった。ポツポツと、でかくはないが飽きない程度にイワナが出た。前を行く清野さんはどうだろうか。振り向いてたまに千葉さんと目が合うと、彼は親指と人差し指を広げてダメダメと手を振った。小さいらしい。

　流れの底に、数個の岩が沈んでいる小さな狭い淵にぶつかった。水底が点滅するようにキラリキラリと光っている。数尾の魚が身をひるがえしているのだ。まるでアユが石ゴケを食《は》んでいるような動作だ。まさか、ここまで野アユが遡上してるわけではあるまい。毛バリを放りこんでみる。二度、三度。そのうちにスーッと光は消えてしまった。

　猛烈に暑い。蟬の声がこだましている。熱の固まりが貼りついているみたいで、汗がしたたり落ちる。木陰が見つかるともぐり込んで涼をとった。いつの間にか下手の千葉さんが側にいた。彼の顔は真っ赤だ。暑さでへばりそうだから、二人は腰を下ろしてここで少し休むことにした。喉が渇くので缶ジュースを取り出したが、湯になっていてとても飲めそうになかった。

千葉さんが無人野菜売り場で買ったトマトをぼくの掌《てのひら》に乗せた。川の流れに浸しながら持ってきたというトマトはヒヤリとしていた。むしゃぶりついた。甘くて美味しいトマトにありついてなんとか人心地がついた。

頬をなでる風もなかった。裸になって流れに飛びこみたいねと、千葉さんは本当に飛びこみかねない顔つきになっている。夏は暑いと相場は決まっているが、こんな日はどこかへ逃げ出したくなる。水の中の魚がうらやましくなる。

「清野さん、どうしてますかね」

「呼びに行って、ひと休みしますか。これじゃ魚もどこかで昼寝してますよ」

千葉さんとぼくは立ち上がった。

と、そのとき、上手で大声が上がった。

「捕った、捕った。やったーっ、捕った」

清野さんの声だ。そうか、ついに大ものを釣ったか。二人は大急ぎで走った。おーい、おーいと小躍りしながら彼はぼくらを手招きしている。汗だくになって彼のもとに駆け寄った。

二人は目をむいた。ちょっとのあいだ声が出なかった。岸辺の石の上にそれはゴロリと横たわっていた。ランディングネットを大きくはみ出したイワナは、目を開けたままゆっくり喘《あえ》いでいた。青みがかった白点のまぶしい大イワナは、いま水から上がったばかりでヌメヌメと光り輝いている。たまに大イワナは、ギョロリと目をむいた。清野さんがイワナの魚体にメジャーを当てている。両手が小刻みに震えている。「四十四センチ」と、千葉さんが読みとった。

まるで丸太ん棒だ。

どこでどのようにして、どう釣ったんだと、千葉さんはたたみかけるように質問した。

清野さんは川の流れに入り葦《あし》の生い茂る窪地の窪みを指差した。上流に行こうと思い葦の陰にふと目をやると、何か倒木が浮いていた。ところが、よく見るとそれがユラユラ揺れている。イワナだと気がつき、とっさに両足を静かに流れに入れイワナの退路を絶つ囲いを作り、ランディングネットを頭から差しこんだ。それから尻尾を押したら、嘘みたいにスルッとイワナはランディングネットに収まってしまったのだという。

大イワナは釣ったのではなく、ランディングネットで掬《すく》い上げたのだ。

「こんなのはよ、めったにいねぇ。剝製にしたほうがいい」

興奮が冷めてきた清野さんは次第に無口になっていた。

千葉さんはしきりに剝製にするように勧めている。

「でもさ、やはり釣ったんでなく、拾ったようなもんだからな」

清野さん、ぽつりとつぶやいた。

噂はたちまち広がった。少しずつ噂に尾鰭《おひれ》がついていった。大きさは五十センチを超えているとか、その日イワナは日射病にかかってフラフラの状態で、だから簡単に捕まえられたという、冗談めいた話まで飛び出すありさまだ。もうすでに大イワナは剝製になってしまったと囁《ささや》かれていた。

あの大イワナの話が出るたびに清野さんは嫌な顔をすることが多くなった。はっきりとわかっていることは、彼が拾ったあの、四十四センチの大イワナはまだ彼の冷凍庫にしまいこまれているということだ。

鴨ドロボウ

友人で釣り仲間でもある山ちゃんと吉田さんが、警察署からの要請で何度か出頭し調書を取られたという。

いったい何をしでかしたのかと思わず急《せ》きこむぼくを、山ちゃんはからかうようにニヤニヤ笑っている。もったいをつけるなと、少し怒った。

事情はこうであった。二人は新緑の栗駒《くりこま》山地の川でサオを振った帰り道、山あいの渓《たに》で二本の棒に霞網《かすみあみ》を仕掛け飛んでくる野鳥を捕まえている男たちに遭遇した。悪質な密猟を黙って見逃すわけにはいかないと停まっている車のナンバーを控え、すぐ警察へ連絡した。密猟者は現行犯で逮捕された。

その日の状況を説明するため数回足を運んだというわけだ。後日二人は警察署から逮捕に格別に協力をしたということで、感謝状を授与された。

聞くところ、最近、野鳥の密猟が増える一方なのだが、現場をおさえるのが難しく密猟者は野放しの状態にあるという。

ウグイス、キビタキ、ツグミ、コルリ、コマドリなどの小型の鳥、カワセミ、ヤマセミ、カケスなど中型の鳥、大型のカモ類までも密猟の被害に遭う。密猟の対象は無差別のようだ。こっそり家で飼える小さな野鳥ならともかく、飼い馴らすこともできない中型や大型の鳥を捕まえてどうするのだろう。殺して肉を食べるのか、それとも剥製にでもして売りさばくのだろうか。

そういえば気がついた。毛バリを巻くのに鳥の羽毛は最も欠かせないものだ。

ようやく雪解けが収まった六月の頭、西和賀《にしわが》に足を向けた。連れは山ちゃんだ。

今年は暖冬で雪は少ないだろうという大方の予想であったが、さすが豪雪地帯の沢内村《さわうち》には通じなかったようだ。道路の両側には一メートル以上の除雪された雪がうずたかく積まれ、しばらくは消えずに軒下にあったという。いまは道路上にはほとんど雪は見当たらないが、日の陰る窪地や山陰にはまだ残雪が点在している。

車の窓を開けると、新緑の森の香りがふんわり鼻をくすぐる。

朝の明るい日差しの中、村の家々の窓は開け放たれ、色とりどりの布団や衣類が窓辺に干されている。田畑に出ている人の姿もあった。道を行き交う村人の表情もどことなく柔らかだ。

長い冬から解放された浮き立つような雰囲気がこっちにも伝わってきて、なにかしら期待とうれしさがこみあげてくる。

小坂のバス停から左へ折れて和賀《わが》川に通じる安ヶ沢《やすがさわ》林道に入りこむ。坂道を上り切り、数軒ある集落の外れに差しかかると、車が二台ばかり停まって何か人だかりがしている。はたと、思い当たった。

山菜採りの時季、和賀の地域では山に入り山菜を採る人から「入林料」なるものを徴収し、許可証を発行する規則になっている。

ほとんどの林道の入り口には村人が夜明けと同時に見張り番を設けて、車のチェックをする。料金は千円であった。

ところが入山するのは山菜採りだけではなく、山登りもいれば釣り人やカメラマンなども林道を利用する。単に弁当を持って森を散策するだけだといってもなかなかわかってもらえず、しかたなく料金を払う人もいたらしい。もしかすると嘘をついてその実こっそり山菜を採るのではないかと村人は疑ってかかるのだろう。

無理のないことで村の言いぶんもわからないでもない。村の財産である山菜を車一台分もごっそり採って商売にするプロ集団が出没する。高山植物や樹木を掘っていく悪質な連中もいる。森や林は公有地だけではなく私有地もあるのだ。自分らの大切な自然を守るためには何らかの規則は必要になる。

待つうちにこっちの車の順番がきた。

「おはようございます」
二、三人の村人の顔が車の中を覗きこむ。ぼくと山ちゃんは県共通遊漁証を車の窓から突き出した。釣りだとわかる遊漁券があれば入林料は払わなくてもよい。もちろん、山菜を採ることはできない。
「釣りっこ、だけがや」

村人の一人が疑惑の眼差しでじっとこっちの二人を見ている。はなっから信用していない。

「もちろんです。釣りだけです。ワラビ一本たりとも採りません」

ぼくは真面目にきっぱり答えた。

「あのねえ、ワラビ、女房に食わせてえんだけど、ちょこっとだめがな」

山ちゃん、余計なことを言う。

「だめだ。みんなそんなごどばかり言う。釣りっこといってこのごろよ、悪さすんの多いがらなあ」

とどめを刺すような憎まれ口をしおに車を走らせたぼくと山ちゃんは、顔を見合わせ苦笑いする。貴重な朝マズメの時間が逃げてしまう。車は林道を踊り上がって走る。

崖際の道を走ると、谷底深く萌葱《もえぎ》色の林の間から青白い和賀《わが》川の流れが見え隠れする。

赤沢ダムの下手、いつも車を停める路肩に他県ナンバーの軽トラックが一台、先客があった。二人で荷台と運転席を覗きこんだ。誰もいない運転席に、色あせた毛布とセーターがまるまって置かれ、缶ジュースや、カップラーメンの空の容器が散らかっている。荷台を覆っていた青いビニールシートをめくってみると、小型のガスコンロにポリタンク、何に使うのかわからない木枠や工具類がごちゃまぜに積まれていた。どこにも釣り人と判断できる材料がないように思えた。山菜採りかなとつぶやきながらも合点がいかないふうに山ちゃんは首をかしげた。

とにかく、軽トラックの横に車を並べ渓底に降りることにした。傾斜のきつい崖の岩場を用心しながら、渓底をめざす。ちょっと油断するとガラガラと石が転がり落ちる。なんとか川岸にたどり着くと、ザーッという瀬音と一緒に青白い流れがまぶしく目に飛びこんでくる。

浅瀬を渡り対岸の山を越え、和賀川の源流域に潜りこむ算段だ。山の峰に這い上がり林の中を上手へ歩いて行く。

ワラビ、コゴミ、ゼンマイがにょきにょきと林の下草の中から首をもたげている。まるで山菜の絨毯《じゅうたん》の上を歩いているようだ。おー、おー、と山ちゃんは踊るような足取りで奇声を発している。そのうちふっと目の前からかき消えた。トイレだろう。

それにしてもこの山菜の多さはどうだ。採ってくれといわんばかりではないか。ワラビは小指ほどの太さがある。少しくらい採ったって罰も当たるまい、そう思ったらつい手が出ていた。

林の陰からひょっこり山ちゃんがあらわれた。ありゃ、背中のザックが大きく膨らんで重そうではないか。

低い斜面からクマザサにすがって流れの中に立つ。和賀川の源流域の入り口だ。サッと足もとから黒い影が上手に走った。イワナだ。サオを出したいのを我慢して岸沿いにさらに上流へ急ぐ。森の奥に灯火みたいに残雪が白く光っている。

前を行く山ちゃんが急に足を止めた。指差す場所を見ると、石を枕にサオが置いてあり、糸はゆったり流れる淵にサオ先から一直線に突き刺さっている。リールを付けたごついサオに一目でわかる太いイトだ。海の投げ釣り仕掛けに似ている。

おかしなことに誰もいない。背後の森を見渡しても釣り人らしき人は見当たらなかった。山ちゃんが流れにつけていた網つきの生かしビクを持ち上げる。カジカが五、六尾うごめいていた。

何だろう、カジカをエサに大ものイワナでも釣る気なのだろうか。まさかリールを巻き上げて確かめるわけにもいかない。

訝《いぶか》りながらも、二人はその場を離れた。

しばらく歩くと大小の岩が流れに洗われている格好の浅瀬が見つかり、初めてサオを振った。

最初に山ちゃんのサオがしなった。美しい白点のイワナが、水しぶきを上げた。ぼくにもきた。二十七、八センチのイワナが、横なぐりに毛バリをかっさらっていく。二人は、あーとか、おーとか歓声を上げ、水しぶきにまみれた。

およそ五百メートル区間イワナの襲撃が続いた。指が震えてイトがすんなりハリの穴に通らない。通ったと思って指を離すと、イトに通っていない。何個も毛バリを流れに落とす。じれったくてもどかしくて、バカヤロウと老眼鏡を恨んだのはこの時だ。

どのくらい時間がたっただろうか。夕立のようにサーッとイワナは去っていった。

二人で川原に腰を落としたまま、しばらくフーフーいっていた。こんな日だってあるんだ。イワナが出たら飯にしようと約束していたので、遅い昼食にとりかかる。といってもコーヒーを沸かし、あとはスーパーから買ってきたサンドイッチという手軽さだ。

山ちゃんがコンロを出そうとザックを開けると、バラッ、バラッとワラビがこぼれ落ちた。二人でエへへと笑い合う。

うまいコーヒーとサンドイッチの食事を手早くすませ、早めに引き揚げることにする。山が深いと日暮れが早い。明るいうちに山越えをしないと足もとがおぼつかなくなる。

リールの置きザオがあった場所を通りかかると、釣りザオはなかった。釣り人は帰ったらしい。

汗だくになって川を渡りようやく林道に登り着いたころには、うっすら暮れ始めていた。あの軽トラックはまだあった。

着替えを始めたとき、ガサガサと音がして崖下のヤブから頭に鉢巻きをした小柄な男が這い上がってきた。左手に見覚えのあるリールザオを持ち右手に何か黒い物をぶら下げている。

太いテグスの付いた鴨だ。男は、目の前に人がいたのに驚いたふうで一瞬ギクッと立ちつくした。

ぼくはぶら下げた鴨に釘づけになっていた。

「いやー、魚を釣っていたら鴨が掛かってしまってね。いやー、まいったよ」

男はそういうなり、ぶら下げていた鴨をいきなり崖下にポーンと放り投げてしまった。ぼくと山ちゃんがあっけにとられているうちに、軽トラックは猛スピードで走り去って行った。

「しまった、あいつは鴨ドロボウだ」

山ちゃんが、弾かれたように大声で叫んだ。

風の釣り

風がひどい日だ。

三月の川風は頬を刺す冷たさで、体温をどんどん奪っていく。おまけに腰まで流れに浸かっているので、足もとから氷のような冷気が這い上がってくる。おこりみたいな震えが、時おり身体を貫いていく。

風が釣りイトを吹き上げて、サオを振るどころではない。こんな日はさっさとサオをたたみ引き揚げるのだが、この日に限ってなぜかぐずぐずと居残っていた。

さっきから下手にいる釣り人が気になっていたのだ。ぼくの所から十五、六メートルほどの下流に立ちこんで長ザオを構えている。毛バリの流し釣りらしいが、構えが妙なのだ。普通なら対岸近く大きく振りこんで半円形を描くように川面をなぞるのだが、ほとんどサオを振らず川下に向かって寝せたままだ。ときどきサオが弓なりになり、キラッキラッと魚体がきらめく。釣れているのだ。

釣り上げたヒカリを掌《てのひら》でつかむと、ガラスの破片みたいなウロコが貼りつく。光のようにきらめくので「ヒカリ」と名づけたのだという。

幹となるミチイトに、五、六本の色違いの毛バリをつけ、川面をなぞるようにして探るのを、盛岡毛バリの流し釣りという。古くは盛岡毛バリを「南部蚊バリ」といった。海へ下るサクラマスの子を釣る「ヒカリ釣り」では毛バリの流し釣りが昔から盛んで、いまでも愛用者が多い。調子の柔らかなサオで、ヒカリの引きは向こうまかせが一般的で、ヒカリ釣りは岩手の早春の風物詩だ。

朝から昼近くになっても魚のはねる水音もなく、まだ一匹もぼくの毛バリをくわえてくれる魚はいなかった。悪いことに申し合わせたかのように風が吹き出した。こんな風の中、下手のサオが大きく弧を描く。ほどよい間隔でサオが大きくしなり、キラキラとヒカリが風に舞い、釣り人の胸元に飛びこんでいく。見たくなくてもチラチラと下手の釣り人が目の端に入る。余計気になってしかたがない。どうしてあっちばかり釣れるのだ。毛バリが違うのだろうか。

夕べ眠い目をしょぼしょぼさせながら、ユスリカの幼虫を真似たこまかい毛バリを数本巻いた。老眼が進んでいるぼくにとっては一本の毛バリを巻くのは、たっぷり時間がかかるえらいことなのだ。一尾でいいから淡雪みたいなヒカリの姿を見たかった。また、下手のサオが弓なりになった。風は川上から川下へ、海に向かって吹いていた。ここは三陸の海沿い、陸前高田市《りくぜんたかた》の街並にほど近い気仙《けせん》川の下流域である。たまにサオをひん曲げる強さで風は吹き荒れている。春の川風はいつもこうだ。とくに海沿いの川では、昼近くになると判で押したように風はやってくる。まるで定期便だ。

さきほどまでぼくの周囲にはエサ釣り、フライ、盛岡毛バリの流し釣りなど、六名ばかり縦一列になってサオを振っていた。風が吹きはじめると一人抜け二人抜けして、気がつくとぼくと下手の釣り人だけになっていた。

ぼくは少しずつ下流へ移動することにした。風が強くヒカリは流れの緩やかな砂地のトロ場に集まっているのかもしれない。ここは少し傾斜のある底石がゴロゴロした瀬尻で、どうもヒカリは居ついていないようだ。ソロソロと足を運び下手の釣り人のほうへ寄っていく。

どんな釣り方をしてどんな毛バリを使っているのか確かめたい。この際ちょっとお邪魔しても構わないだろう。

一気に距離を詰めるのはなんとなくはしたないので、サオを振りながらさりげないそぶりで近づいていく。釣り人は耳までスッポリ隠れる防寒帽をかぶりその上からていねいに手ぬぐいで頬かぶりまでしている。顔の表情はわからないが、首を曲げて二度ばかりこっちを見たので、ぼくに気づいたようだ。

滑りやすい泥をかぶった川底を注意深く探りながら足を運んでいく。ようやく釣り人の様子が眺められる位置まで下がることができ、それとなく観察する。黒っぽい革のジャンパーを着て、腰にアユ釣りに用いる大ぶりのタモを差しこんでいる。ヒカリが掛かると、ミチイトをつかんでヒョイとタモに吊るしこむ。手慣れていた。魚が掛かる、サオをためる、抜き上げてタモに落としこむ、そんな一連の動作に無駄がない。

もっと近くで毛バリを見ようと、岸辺から回りこむ。毛バリの仕掛けとウキ（振りこみやすく、オモリを埋めこんである）が風に乗って一本の線となり、川面についたり離れたりしている。風を背にして川下にサオを突き出している。そんな感じだ。そのうち水面がバチッとはじけ一気にサオ先が引きこまれる。水面にフワフワと浮いた毛バリが、水に落ちた一瞬にヒカリが飛びついたのだ。ただサオを上下に動かすだけで毛バリを操作している。風に逆らわずうまく風を利用しているのだ。

声をかけ、どんな毛バリを結んでいるのか聞こうと近寄っていく。不意に釣り人が振り向き、怖い顔をしてスーッと下手に下がってしまった。気分を害したらしい。声をかけそびれて、しかたがなく新しい毛バリをつけ替えサオを振る。

相変わらず風は吹いている。力いっぱい上手にサオを振るのだが、すぐ風に押し戻される。それならばと下手の釣り人の真似をして下流にサオを振り、イトを繰り出してみる。イトが重いため流し釣りのような毛バリを水面に浮かせたり落としたりするのは厄介で、流れにすぐイトが引きこまれてしまう。

何度かやっているうちに、強く風が吹くときサオを立てるとイトが浮き、風が途切れた瞬間を見計らってサオを倒すと毛バリが水面に落ちることがわかった。それをうまく繰り返すと、川虫が水面を飛びはねる動作を演出できるという案配だ。

だがそう簡単にはいかない。一度だけ水面がギラリと光ったが、ヒカリは出なかった。諦《あきら》めてラインを巻き、流れから川岸に上がる。歯がガチガチいうほど寒い。身体は冷え切っていた。下手の釣り人はまだ流れの中に立ちこんでいる。ビクはだいぶ重くなっているはずだ。

どうしようかと迷ったが、思い切って川原の踏み分け道を下り、葦原の陰からこっそりと釣り人を盗み見する。絶えず毛バリは風に揺れている。ここからでは小さな毛バリの型や色などを見分けることができそうもない。黙っていると手足がかじかみ余計に寒気が全身を走る。

そのうち、ヒカリの追いが薄くなったのか釣り人はサオを肩に流れから岸辺へ上がり、こっちへ歩いてくる。と、風にあおられた毛バリが目の前の葦にからみついた。首をすくめて、ぼくは身を屈める。

釣り人は二、三度サオをあおり毛バリを葦からはずそうとした。からみついた毛バリは頑固で、業を煮やした釣り人は強引に引きちぎって川沿いを下っていった。

釣り人が見えなくなるのを待って毛バリがからみついた葦の付近を探した。うまい具合に葦の幹に食いこんでいる。一本の毛バリを手に入れることができた。

小ぶりのハリに黒い糸で下巻きし、申し訳程度にぱらりとニワトリの首の毛が巻いてある。ただ、ハリの根もとにゴールドビーズ、そう、金の玉がとりつけてあった。小さなハリには不釣り合いの大きな金の玉だ。なんと大ざっぱでいいかげんな毛バリだ。

ぼくはその毛バリをフライボックスの片隅に、そっとしまいこんだ。

それから一週間後にぼくは気仙川を再度訪れた。もたもたしているとヒカリは海に帰ってしまう。ヒカリが川にとどまっている期間は、そう長くはない。せいぜい四月上旬過ぎまでだ。

雲ひとつない青空で、どことなく暖かみが戻ったような日差しの明るい日だ。

また、今日も風が吹くのだろうか。サオを出す場所はあのときと同じだ。

誰もいないと思ったら、葦原の窪地に腰を下ろして仕掛けをいじっている釣り人がいた。帽子をかぶり頬かぶりをしたその格好に、すぐにあの日の釣り人だと分かった。

ぼくは黙って通り過ぎようとした。声をかけるのがなんとなく煩わしかった。急ぎ足で釣り人の前にさしかかると、ひょいと顔を上げた釣り人とつい目が合ってしまう。

「あ、どうもこないだは」

反射的にペコリと頭を下げた。

じろりと釣り人は一瞥《いちべつ》し、また手もとの仕掛けをいじり始めた。ぼくのことなど忘れてるのかもしれない。眼中にないといったそぶりだ。

ぼくはこのまま立ち去るのがなんとなくできず、立ち止まったままでいた。

「あんときは、ずいぶん釣ってましたね」

気後れのせいかつまらない言葉が口を出た。釣り人は黙ったままだ。

「あのー、毛バリ振らないんですか」

「風だ。もすこすすっと（もう少しすると）風吹くべぇ」

顔を上げないでぼそっと釣り人がつぶやいた。

この釣り人、風が吹くのを待っているというのか。妙なことを言う。

「風吹かねぇとヒカリ釣れねェのすか」

どうも合点がいかない。ぼくの不満そうな口調に、釣り人はおやという顔をし、薄く笑った。

「風吹くとよ、誰もが嫌がるべな。そしたらオレの出番だ」

腕のないお前の出る幕ではないと暗に言われているみたいだ。何か返す言葉がないかと頭をめぐらしたがこれといったセリフが見つからない。

「ヒカリっこはな、気まぐれなヤツだ。ゆっくり相手にするごった」

なにを寝言並べてんだ。少し腹が立ってきた。黙ってその場を去って下流の深場に急いだ。あの日、彼がよくヒカリを釣っていた場所だ。

サオを継ぎ、ガイドにイトを通す。動揺しているのかガイドの一つにラインを通すのを忘れ、やり直す。深場に入ると水圧でウエーダーが締め付けられ冷たさが徐々に伝わってくる。最初の一投目を終えると少し落ち着きが戻る。どんな些細な川面の変化も見逃すまいと目を凝らす。少しずつ、流れの中央部へ足を運ぶ。対岸の緩やかな流れの帯がねらい場だ。

小一時間もたっただろうか、真剣にサオを振るがヒカリの気配はなかった。ひと撫でするかのようにサーと上から風が降りてきた。それを合図に川面がザーと波打ち、風の本隊がやってきた。あーと思わず、ため息が出た。

上手にあの釣り人があらわれサオを構えている。急に寒さで身体が震え出した。それを打ち破るかのように、ぼくはしゃにむにサオを振り続けた。

上手の釣り人のサオが大きく曲がった。ヒカリが風に舞っている。しゃくにさわるが、とてもかないそうにない。

　ぼくはフライボックスを開ける。片隅に金色に光る毛バリがあった。拾った、いや、盗んだというべき、あの金のビーズのついた毛バリだ。気がつくと、ぼくはその毛バリをつまんでいた。

屁っぴり虫

　源流通いが好きで、エサ釣りをやっていた時期が長かったせいか、生きエサを使う釣りが無性に懐かしくなることがある。

　とくに早春のヒカリ（サクラマスの子）釣りの季節になると、エサ釣りがやりたくてむずむずしてくる。どんな毛バリを試しても食いのない日など、じれったくてついエサのサオを手にしてしまう。考えてみると、なにも毛バリ釣りにこだわるさしたる理由はないのだ。

　ヒカリは春だけの魚で、食べてはすこぶる美味だ。身は引き締まり、ほんのり甘い。一度手にしたら、どうしても病みつきになる。そのうまさの誘惑に負けて、年によってはつまみ食いする数だけエサで釣ることがある。毛バリのフライフィッシングは、釣った魚は川に戻してやるという暗黙のルールが存在している。だからぼくはキャッチ・アンド・リリースの模範生ではない。万年落第生だ。

　毛バリと違って、エサ釣りのやっかいなところは生きエサを調達しなければならないことだ。川虫の羽化に合わせて川底の石をはがすのが一番なのだが、森の奥の渓川になると水生昆虫の生息は極端に少なくなる。とりわけ北の川での川虫は羽化もまちまちで、真面目に川底を探すエサ釣りはまれだ。要は、春の水は冷たく、面倒くさいだけなのかもしれない。

いま釣具店に行くと、さまざまな生きエサが冷蔵庫に収められている。金さえ出せば手軽にエサは手に入る。ずいぶん便利になったものだ。

エサは買うものでなく自分で採るものだと思っていた時分、生きエサの確保が釣果を左右した。お盆を過ぎるとまだ青いイタドリを川岸から刈り取っておいた。四、五十センチに切り揃えたイタドリは日のあまり当たらない涼しい場所に立てかけておく。すでに茎には卵が産みつけられていて、秋も深くなると小さな幼虫に孵化《ふか》している。それを来春まで大きく育ててとっておくのである。放っておくとイタドリ虫は、羽化してコウモリ蛾《が》となる。また、秋に落ちた虫食いのドングリを土をかぶせた箱に入れておくと、小さな幼虫が這い出してくる。

こうして生きエサを飼育することも、必要に迫られてのことであった。

ミミズは手っ取り早い年中使えるエサだが、日によっては魚は見向きもしない。そんなとき、川沿いの昆虫類が貴重なエサになった。バッタやコオロギ類、トンボにハンミョウ、テントウムシ、クモ、カミキリ、それに山アリなど、見つかるものを手当たり次第に使ってみた。でかい赤い色をした山アリには何度か指に噛みつかれて痛い思いをした。

渓の奥地、源流に分け入り、エサがなくなるくらい惨めなことはなかった。得体の知れない毛虫を捕まえたはいいが、数日後、掌《てのひら》や腕にただれたような赤い斑点があらわれ、しばらく痒《かゆ》くてしようがなかった。

これまでいろんな生きエサを試してみたが、これだけは使うことはなかったというものもある。敬遠して使う気になれなかった、といったほうがよい。それは「カメムシ」である。地方で呼び名は違うが、屁っぴり虫、ヘクサムス、ジャグー、カッツアムスとかいわれている。呼び名のとおり、触れたりつかんだりすると強烈な悪臭を放つ。

とても表現できない悪臭は衣服や手足につこうものならしばらく消えず、気の弱い人は吐き気さえ催すという。掌にカメムシの臭いがつくと、石鹸で洗ってもなかなか落ちないことはたしかだ。カメムシが異臭を放つのは、敵を威嚇《いかく》したり、仲間に危険を知らせるためだといわれる。嫌な臭いは胸にある袋に蓄えられ、後ろ脚の付け根にある穴から出される。

カメムシの種類は多い。土の上で生活する陸上カメムシ、水中で過ごす水生カメムシに水辺や水面で生きる両棲カメムシがいる。希少価値になった「タガメ」は水生カメムシの仲間である。人の血を吸う「トコジラミ」もカメムシの仲間というから面白い。青色、赤色、黄色、茶色など色彩はカラフルだ。川岸の草や花についているカメムシを見ると、青や緑色が多い。「アオクサカメムシ」と呼ばれている種類だろうか。たまに家に飛びこんできたり庭で見かけるカメムシは、茶色や黒っぽい色が目立つ。また、カメムシは越冬するものが多い。積んだ薪の中や家、物置の屋根などの隙間に潜りこんでいる。とにかくどんなところでも入りこんで暖かくなると集団で動きだすので始末に負えない。

三十代の一時期、ぼくは奥羽山脈の西和賀《にしわが》の渓にぞっこんであった。雪代水《ゆきしろみず》が収まるのを、じりじりしながら待つことが毎年であった。

この話はその時期に出くわした。

六月も末、初夏の気配が漂うよく晴れた日だったように覚えている。大荒沢《おおあらさわ》の浅瀬で数少ないカワゲラやカゲロウのチョロ虫を拾って、そのまま横《よこ》川の太い流れに入りこんだ。

その日、横川名物幅広ヤマメはどうしたことか音沙汰がなかった。訝《いぶか》りながらしばらく行くと、川岸の砂地にくっきり足跡がついていた。いましがた通ったばかりの真新しい跡のようだ。誰かがぼくの前を釣っていたというのか。急ぎ足になり、流れを蹴散らして行く。間もなく林の前方に人影が見え隠れした。やはり先行者がいたのだ。追いつくと、こっちを見てニヤリとした。

釣り人は、ここの魚は全部取ったといわんばかりにビクを叩き蓋《ふた》を開けた。幅広のどっしりしたヤマメが、びっしり詰まっていた。どうだと釣り人はまたニヤリとした。魚の数よりも、こんなところでめったに会うことのない釣り人に出くわしたのが驚きであった。

北上《きたかみ》からきたという釣り人は、ひと休みのつもりかサオを川原に寝かすといろいろ話しかけてきた。ぼくのビクを覗いて、空なのに大げさに顔をしかめた。エサは何だと聞くので川虫だと答えると、首を振りながら、いまならこいつが一番だとエサ箱を開けた。

ぼくは思わず目をむいた。木のエサ箱にごちゃごちゃと何やらうごめいている。顔を近づけたらツーンと、異臭が鼻をついた。途端に顔をそむけ後ずさりした。おびただしい数のカメムシがひしめいていた。青、緑、茶、黒、縞模様のもいた。そんなもので釣れるのかと聞くと、釣り人は口をとがらせて言った。

「いまはな、ヘッピリムスでねぇとくわねぇ。こいつがいねぇと駄目だな」

自信ありげに釣り人は大きくうなずいた。臭くないのか、と問うと、ニヤニヤしながら言う。

「お前《め》ぇな、屁くせぇからいいんだべ、魚にはよ、こでぇられねぇんだべ」

雪が多かった年はカメムシが大発生し、どこでも捕まえられるという。釣り人の身体からカメムシの悪臭が漂っているようで、ぼくは数歩離れていた。

「一尾も釣れねえば、情けねぇべな。ホレ、ヘッピリムスなんぼか持っていげ」

釣り人は親切にエサ箱のカメムシをつまむと、ぼくに渡そうとした。尻ごみしたぼくは、ていねいに断ると、ほうほうの態《てい》でそこを逃げ出していた。

それから、生きエサが切れてどうしようもなくなり、何度かカメムシに手を出そうとしたのだが、どうしてもそれができない。一度試してみたいという気持ちが動くのだが、どうしてもカメムシを食ったイワナ、ヤマメを食うという気が起きなかった。屁っぴり虫の悪臭が魚に染みついているのではないかと思ったからだ。それに、なにがなんでもカメムシを使わなければ釣りができないわけではなかった。とうとうカメムシを使うこともなくいまに至っている。

暖冬という触れこみであったが、意外に今年は雪が多かった。芽吹きの時季があっという間に過ぎて、エゾハルゼミが鳴く初夏を渓流は迎えていた。早春から毛バリに魚がしきりに反応した。今年は面白くなる、釣り人の気持ちをくすぐる妙な予感があった。そんな折り、紫波《しわ》町に住む、バンブーロッド、いわゆる竹ザオを作っている宇《う》田《だ》清さんから電話が入った。

ちょっと奇妙なことがあるんですが、と前置きして、笑いを噛み殺しながら彼はこんな話をした。

閉伊《へい》川の支流を友人らと探ったとき、数尾のヤマメを掛けた。その中の一尾のハリを外そうと顔を近づけた時、ヤマメの口臭がふいに鼻をついたという。どこかで嗅いだことのある嫌な臭さが何であるのか、そのときはわからなかった。しばらくサオを振りながら川を上っていった。その日は川虫の羽化も少ないので、どんな毛バリを選んだらいいのか迷っていた。

ゆったりした流れの前で、宇田さんはヤマメがしきりにエサを捕食している場面にぶつかった。流れてくる緑色の虫を見て、彼はあっと声を上げた。「カメムシだ」。そうか、あのヤマメの口臭はカメムシのせいだ。どこかで嗅いだことがあると思ったのはあれだったのか、と思い当たったという。

彼は、急いでフライボックスから緑色したトビケラの毛バリを取り出し、ハサミで毛並をカットしてカメムシらしく整形した。それを放ると、一発でヤマメがくわえた。良型が立て続けに、どう見ても似つかわしくないカメムシもどきの毛バリをくわえこんだというのだ。

「びっくりしました。あんなものを食っているんですね。ヤマメは臭くないんですかね」

ぼくはとっくに忘れていた屁っぴり虫を使う釣り人のことを思い出していた。

「いや、ヤマメにとってはカメムシは大好物なのかもしれません。きっとそうですよ」

人間には悪臭であっても、魚にとってはむしゃぶりつきたいほどのいい香りでごちそうなのに違いない。ゲテモノ食いといえばそうだが、厳しい自然環境にあってはそんな悠長なことなど魚たちはいっていられないのだろう。カメムシごとき、考えてみれば人間だって相当のゲテモノ好きではある。

妙な点で一致し納得したぼくと宇田さんは笑い合った。

宇田さんとの話から数日後、一人で和賀川の支流を歩いていた。和賀川の流域は汚れ、荒れていた。昔の清らかな面影などみじんもない。いたるところで工事が行われ、濁水で底も見えない川がいくつもあった。

ぼくはぶつくさ独り言を言いながら東側の小さな川にもぐり込んだ。ここだけは流れが澄み、きれいな輝きを見せていた。

樹木が生い茂ってきたせいか張り出した枝が邪魔をして、サオを振れない箇所がときおりあらわれる。しかたがなく樹木が切れた場所や開けた流れの前でサオを振った。

魚影はなかった。足音で飛び出す魚も見えなかった。岩が流れに二つあり、その間を縫って水が落ち、下手が緩いトロ瀬になっている場所に出くわした。岩に腰を下ろし小休止する。木漏れ日が渓筋を明るくしている。初夏の優しい風がふんわり通りすぎていった。

一尾くらい出てもよさそうなものだ。ふいに宇田さんの話が脳裏をよぎった。そうだ、緑色のカメムシもどきだ。ハサミでカメムシの角張った形に仕上げる。ひいき目に見てカメムシに似ていなくもない。流れの尻にカメムシもどきを放り投げる。いきなりバシャッときてカメムシもどきが消えた。

ドキッとしてサオを立てると、強い引きが腕に伝わる。イワナが首を振る。水しぶきの中から黄色いイワナが顔を出した。心臓がゴトッと音を立てた。

でかい。

顔を寄せ、イワナの口からハリを外す。ツンと、屁っぴり虫がにおった。

マムシ

息せき切って病院の玄関に駆け込んだ成山孝一《なるやまこういち》は、受付の窓口でゼェゼェ荒い息を吐き、応対に出た看護婦に向かってひと言、ふた言いった。

「マムシ、マムシ……」

それきり彼の顔は苦しげに歪《ゆが》み、そのまま床にぶっ倒れてしまったという。

マムシに嚙まれた成山が自力で渓《たに》から這い上がり車を運転し、病院にたどり着いたいきさつを彼の奥さんがあわただしく電話してきたのは、梅雨《つゆ》時の六月も終わりごろの夜中であった。一時成山は気を失って大騒ぎになったが、命に別状はないということでひとまず胸をなで下ろす。話は早朝そちらへ行ってからと、病院の場所を聞き出した。そこは奥羽の山々が連なる、和賀《わが》の湯《ゆ》川から秋田県側に入り込んだ山あいの村であった。しかし、その村の周辺には釣り人がサオを出せる川などなかったはずだが……。

翌日。北上《きたかみ》から湯田《ゆだ》町にさしかかるとしらじらと夜が明けてきた。病院があるという村の細い道に入りこんだが、それらしい建物が見つからない。手っ取り早く村人に尋ねたほうが得策と駄菓子屋の前で車を停め、店の奥へ声をかけた。

「おはようございます」と二度三度大声を上げたら、はーいという返事でおかみさんが顔を出した。この村には病院はないが診療所ならここから二つ目の角を左に曲がるとすぐにわかると教えてくれる。

「昨日、マムスにくわれた、お客さんのところかい」

おかみさんが笑いながら聞くので、そうだその友だちを見舞いに行くところだと答えた。ぼくは缶ジュースを五本買って診療所へ向かった。

診療所は見つかったが、看板の文字はほとんど消えかかっていた。玄関の戸を開けると人の気配はなく、電気も点《つ》いてない廊下は薄暗く病室がどこにあるのかもわからない。きょろきょろしていたら、奥の廊下の突き当りから成山の奥さんの白い顔がのぞいた。廊下の突き当りに小さな部屋があり、ベッドに成山が横たわり目を閉じていた。部屋の隅に彼のお父さんと釣り仲間の菅原さんが腰を下ろしていた。左手の小指をマムシに嚙まれた成山は腕の付け根を手拭いで固くしばり、車を走らせてこの村まで来て、村人に教えられ必死の思いで飛びこんだのがここの診療所であった。

数年前、山菜を採っていた村人がやはりマムシに嚙まれて大騒ぎになったことがあった。そのとき診療所にはマムシの血清がなく、町の大きな病院まで村人を運び、危機一髪で大事に至らなかった。それ以来、村の診療所にマムシの血清を置くことになったという。成山はついていた。ぶっ倒れたのは体力を消耗しての貧血からくるものだったらしい。

ぼくらの話し声に成山が目を覚まし、照れ笑いで右手をちょっと挙げベッドの上に起き上がった。包帯で巻かれた左手は、腫《は》れ上がっているらしく重そうに右手で支えている。成山はぼそぼそと当時の状況を話し出した。川は、湯川から山道が続く西側の渓で、流れは途中で途切れ上へ行くにしたがい、また流れがあらわれる伏流水になっている。だいたいの川の位置はつかめたが、どうもいまひとつ成山の説明は要領を得ない。いつもの彼でないしゃべりかたで、歯切れが悪いのだ。

谷間に降りてすぐに岩場が連なり、そんな場所を何度か越えてるうちに上り切った岩の上にマムシがいて不用意に掌《てのひら》をついた瞬間に嚙まれたという。詳しい場所はどこかとなると、成山は言葉を濁してしゃべりたがらない様子だ。なにか大事なことを隠している気がしてならなかった。

医者の話では、腕の腫れは一か月もすればひくのでその後は力仕事以外なら問題はないという。今日中にでも地元の病院に移動したいと、彼の奥さんが頭を下げた。それから一度、地元の病院に移った成山を見舞った。回復は順調で夏の終わりには釣りに出られると喜んでいた。

梅雨が長く寒い夏もあっけなく終わり、秋の気配も濃い九月の終わりを迎えていた。そんなある日、成山から電話が入った。あれから三か月ぶりの声で、ちょっと会ってコーヒーでも飲みたいという。それならと、ぼくの行きつけの一関《いちのせき》のコーヒー店「チャフ」を指定した。

マムシに嚙まれた腕は、すっかり元どおりになり、後遺症もないという。だが成山はどことなく浮かない顔をしている。隅のテーブルに座ると、少し声をひそめて成山は言いにくそうに言葉を切り出した。マムシに嚙まれたあの川のことだった。どう順序立てて話そうか思いあぐねているようで、たまに言葉が途切れた。

成山が詳しく話した渓は、下流域にはちらほら釣り人が姿を見せるが上流域にはめったに入りこまない場所だと聞いていた。渓筋は険しく降り口がないので釣り人は敬遠し、おまけにその流域の一帯はマムシが多く棲《す》み、地元の山菜採りも怖がってめったに近づかない場所であった。

成山はどこか山菜採りの穴場はないかと地図を見ているうちに、偶然この谷沿いについている林道を見つけた。車一台やっと通れるほどの険しい山道だ。谷の奥に粗末な平屋の家が建ち、狭い庭だが、車二台ほど停められる空間があった。人の気配がなかったので無断で車を置いて家の裏をのぞくと、人が降りた跡がずっと渓底まで続き難なく川まで行けそうであった。山菜よりもサオを振りたい気持ちがふいに起きた。釣り支度をし山際のきつい踏み分け道をたどった。渓底は、うっすらと暗かった。流れは始め細かったが、上がるにつれ太い流れに変わった。イワナが出た。それも三十センチクラスがたて続けにサオをしならせリールを鳴らした。もう、興奮のるつぼであった。それから憑《つ》かれたように一人で渓へ通う羽目になった。

ある日平屋の家から渓へ降りる道が使えなくなった。庭の入り口に杭が打たれ、バラ線を張られ車を停められなくなったのだ。その家の住人に初めて顔を合わせたのは三度目の釣行の日であった。成山は、持参した一升瓶を手土産に何とか車を置かせてもらえるよう頼みこむつもりだった。ところが挨拶も何も、酒などいらねぇ、いつも車を停めるのはお前かとばかりその家のおじいさんは怒りまくった。頑固でとりつくしまもない。ほうほうの体《てい》で逃げ出したという。

こんなことでこの渓を諦《あきら》めるわけにはいかない。成山はしかたなく切り立った下流の岩場から渓底へ降りることにした。マムシに噛まれた事故は、そんなときに起きたという。

話はまだ続いた。成山はさらに声をひそめた。傷が癒えると成山はあの渓へ行きたくていても立ってもいられなく、妻に近くの川へ行くと嘘をついて家を飛び出したのは九月の頭であったという。およそ二か月ぶりの渓であったが、下流に何やら看板が立てられ工事の標識が林道沿いに並び騒々しい。駄菓子屋でジュースを買ったついでに聞くと、渓の上流にダムの話が以前からあってその基礎調査らしいということであった。

病み上がりもあってか思いが慎重になり、渓底へ降りるのにずいぶん手間どった。ゆっくり足を運びながらつい目は岩陰や岩場の上に注がれた。やはりマムシが怖かった。いつもイワナが出る箇所からサオを振り始めた。一つ、二つ、イワナが毛バリをくわえた。釣り始めたのが昼過ぎだったので少しずつ谷間は日が陰ってくる。もうこのあたりで今日は引き返そうと思ったそのとき、前方の岩場にちらりと人影が目についた。めったに釣り人に出くわすことはないのだがと訝《いぶか》りながら後をついていったという。岩の上にその男が姿をあらわした。あっと、思わず声が出た。林道沿いにある平屋の家のあの頑固おじいさんだ。丸刈りの銀髪に見覚えがあった。それにしてもいったい何をしているのだろう。釣りザオは持たず右手に南京袋に似た茶色の布袋を提げていた。岩場を急ぎ足で渡って行く。猿のような身の軽さだ。と、おじいさんは立ち止まると岩の陰で持っていた南京袋のひもをほどいて口を開けた。

成山はそこで、コーヒーを一口すすって、言葉を継いだ。

袋の口からスルッスルッと、何かが這い出てきた。成山は冷水を浴びせられたように身体が凍りついたという。夕暮れの日の光にぬめぬめと光るものは、まぎれもなくマムシであった。それらは一瞬のうちに岩陰に消えていった。

お前、何をバカなことを、それは何かの見間違いだろうと、出かかった言葉をぼくは思わず呑みこんだ。

青ざめ、視線が宙をぼんやり泳ぐうつろな成山の顔が目の前にあった。

バス停

自家用車が買えなかった時分、もっぱら旅の足は汽車、バスで、あとは歩くよりしかたなかった。道さえついていない山奥での釣りのこと、当然ろくな交通手段などあるはずがない。林道の入り口までバスがあればいいほうで、それからはひたすら徒歩で目的地の渓を目指すことになる。

二十数年も前になるだろうか、一時期、西和賀《にしわが》の渓にのめりこんでいた。

東北本線の北上《きたかみ》駅から横手《よこて》行きの一番列車に乗り、陸中川尻《りくちゅうかわしり》駅で降りる。湯本からのバスは、山伏《やまぶし》トンネルを抜け雫石《しずくいし》町へ出る二往復と沢内《さわうち》村のはずれ貝沢《かいざわ》行きが数本だけで、沢内街道から林道をたどって渓へ分け入るには、数少ないこのバスを利用するしかなかった。

その年のお盆も過ぎた八月の中旬、和賀川本流猿橋《さるはし》から釣り上がり、高下《こうげ》川が注ぎ込む横《よこ》川の流域まで足を延ばした。

その年は寒い夏であった。暑い日差しが戻らない冷夏に匙《さじ》を投げた西和賀の漁協では、稚アユの放流を諦《あきら》めてしまっていた。川底にアユのハミ跡のない夏の流れは、どこか物悲しく生気がなかった。和賀川名物（ぼくはそう呼んでいる）の、片手では握り切れない本流育ちのヤマメをねらったが、小型が顔を覗かせただけであった。

いくら粘っても今日は魚の食い気はないように思えた。支流にもぐりこんでイワナでも釣ろうかという思案が頭をよぎったが、とうに昼を過ぎた時点では帰りの時刻を考えると中途半端な気がした。それにここからなら新山《にいやま》のバス停はたいした距離でない。いまからならバスの時間に間に合うかもしれない。

人っこひとり見当たらない村里の道はひっそりとしていて、ときおり涼しい風が渡っていった。やがて、道の片隅にバス停のまるい標識が見えてきた。新山発、陸中川尻駅ゆきの時間が午後三時台と思ったが、うろ覚えで確証はなかった。赤錆びたバス停の時刻表の文字は消えかかっていて、ほとんど読みとれなかった。このまま陸中川尻駅まで歩くのは難儀なことだ。もう少し様子を見ようとバス停脇の草むらに腰をおろし、微かに届く蝉の声を聞くともなしに聞いていた。

日陰でないのでじっとりと汗ばんでくる。いいかげんバスを待つのに飽きてきたころ、田んぼの畦道《あぜみち》を通り村人が二人こっちへ来るのが見えた。濃いピンクの日傘をさしているのは若い娘さんで、腕に赤子を抱いてあやしているのは娘の母親と見受けられた。ほっそりした色白の娘と日焼けした真っ黒の母親の顔つきが対照的で少しおかしかった。土手の緩《ゆる》い坂道を下って、ぼくの座っている傍のバスの標識の前に二人は立った。バスを待つらしい、さっそく、いつバスは来るのかと聞いた。もうちょっとですと笑い、そして親子は軽く会釈した。やれやれ、これでひと安心であった。

母娘は、赤ん坊を交互に抱き上げては嬉しそうに笑い声を上げている。娘は、母親に子供を見せに里帰りして今日嫁ぎ先に戻るといったふうにとれた。ほほえましい光景につい見惚《みと》れていると、つと娘が近寄り手に下げた竹籠からトマトを一個摑《つか》み出すと、(どうぞ)とぼくの掌《てのひら》に乗せた。

真っ赤に熟れたうまそうなトマトに、ぼくはゴクリと生唾を呑みこんだ。すっかり喉が渇いていたのだ。礼もそこそこにトマトにむしゃぶりついた。二人は笑いを嚙み殺してこっちを眺めていた。ぼくは照れ笑いをしながら腹が空《す》いていたもんでと言い訳をした。

二人は何やらヒソヒソと話し、今度は前よりひと回りも大きいトマトをぼくにどうぞと言った。よほどひもじい姿に映ったのだろう。ぼくはみやげ物をくすねているようで辞退したが、母親はまだいっぱいあるからと、押しつけるようにして掌に返してよこした。

砂ぼこりを上げて、バスがやってきた。

母親は娘に、身体に気をつけろとか赤ん坊を大事にしろとか、向こうさんによろしくといった話を、バスの窓下から繰り返していた。娘は涙をこぼしながら母親が見えなくなるまで手を振っていた。ぼくは、膝の上でトマトを抱きながら娘の背で寝入ってしまった赤ん坊を見続けていた。

今年になって、物置同然の足の踏み場もない書斎を片づけなければならなくなり、整理に追われていた。机の引き出しの隅に原稿用紙の切れ端でくるんだ三十五ミリの一枚のポジが目に留まった。開けてみると、その切れ端には「必ず送ること」という文字が記されていた。写真には丸太を削っただけのベンチに腰掛けたお婆さんとランドセルを背負った小学生だろうか、女の子が四人並んで写っている。傍にはコスモスの花が咲き、背後に川がぼんやり見え、釣り人らしい影さえある。

次第におぼろげな記憶がはっきりとした輪郭をあらわしてくる。場所は定かではないが、川は猿ケ石《さるがいし》川流域だ。そうだ、この流れは中流域、附馬牛《つきもうし》付近に間違いない。このポジを焼きつけてみよう。

でき上ってきた写真には明るい朝の光の下、ベンチに腰かけたちょっと緊張気味のお婆さんと、はにかんだりおすましした四人の子供たちが写っていた。たしかここはバス停であった。学校へ通うバスを子供たちが待っていたちょっとの合い間に、シャッターを押した覚えがあった。だが、どこのなんというバス停なのか忘れてしまった。

「必ず送ること」というメモが気になった。

おそらく写真の誰かに送ることを約束したのかもしれなかった。しかし住所もなければそんな記憶もなかった。

とにかく記憶をたどりながら、猿ヶ石川流域に足を向けて見ようと思った。釣りをしながら人探しも悪くない。

五月の中旬、遠野《とおの》の町から新緑の猿ヶ石川沿いを上っていく。たっぷりとした流れで、いかにも川虫をあさってイワナ、ヤマメがうごめいている気配がしてくる。今日は附馬牛の民宿に泊まる手はずになっていた。のんびりサオが振れるのが嬉しかった。

小烏瀬川《こがらせ》のゆったりした流れを釣り上った。

澄み切った流れからイワナ、ヤマメが飛び出た。

文章に句読点を打つように、ぼくは毛バリを川面に放り投げていった。

附馬牛の大出《おおいで》、民宿「わらべ」に投宿すると、さっそくだんなの佐々木さんに写真を見てもらった。一瞥《いちべつ》するなり、「あ、こりゃ糠森《ぬかもり》の婆ちゃんだ」と断言した。

拍子抜けするほどあっけない幕切れであった。場所も明らかになった。

ようやくぼくの記憶が戻っていた。心の中では少しぐらい捜索が手こずったほうが面白いと期待していたのだが、どうも筋書きが狂ってしまった。佐々木さんは附馬牛《つきもうし》の下手、安居台《あおだい》の橋を渡ると最初の家が、糠森《ぬかもり》の婆ちゃんの住まいだと教えてくれた。写っている子供たちはわからないが、おそらくこの近所の子供らには違いないし、ずいぶん婆ちゃんは若い時分の写真のようだとも、つけ加えた。ポジに打たれた年号から逆算すると、撮ったのは十年ほど前であった。

朝早く、夜明けを待って附馬牛の安居台へ向かった。猿ヶ石の流れに朝の日差しがはね返り、まぶしく輝いている。

流れに沿って車を走らせると、安居台のバス停が川端にあった。少し離れた場所にいまは朽ちかけたベンチがあり、ひと目でそれがあのポジに写っていたものと同じであることがわかった。

安居台の橋を渡り空き地に車を停めようとした時、道端でゴミ袋を整理している一人のお婆さんが目についた。老けてはいるがなんとなく写真の婆さんに似ている。近づいて写真を見せながら、これはお婆さんではないですかと尋ねてみた。頬かぶりを取ったお婆さんは何事かという怪訝《けげん》そうな顔をして、写真に見入った。

「ありゃー、なんだこいづ俺だぁー」

ほどなくお婆さんは素っ頓狂な声を上げた。目をまるくしたままどうして自分が写っているのかという不思議そうな顔つきをする。

ぼくは、十年前にそこのバス停で写真を撮り、後で送るといってそのままにしてしまったことを詫び、この子供たちの家を教えてほしいと言った。お婆さんはそんな約束をしたことは覚えていないらしく首をかしげていたが、子供らの写真をじっと見つめ、これは誰の孫だとかいやあそこの孫だとつぶやき始めた。それから急に走りだし、道を歩いている婆さんを呼び止め、写真を見せていろいろ聞き始めた。それでもなかなか結論が出ないらしく、子供らの身許の確認は手こずった。

お婆さんの名前は糠森マツさん、八十七歳。背筋はしゃんとしており、耳は聞こえるし目もよく見えるという。かくしゃくたるマツ婆さんは精力的に子供らの家を聞いて回り、大した時間を要さないで探し当ててくれた。

当時小学一年の子供は高校二年になり、一番の年上はいま高校三年でマツ婆さんの本家の筋とかで、写真を見たその子の婆さんお母さんは一様に驚きの声を上げ、信じられないといった顔をした。

ぼくは四人の子供らとお婆さんに約束してた写真を届けることができ、何となく肩の荷がおりた気がした。

さも嬉しそうなマツ婆さんは家に寄ってお茶でも飲んでいけとしきりに誘うが、大出の民宿に戻らなければならないと告げると、ちょっと寂しそうな顔をして、それでは俺の気持ちがすまないからと、ここでちょっと待っていてくれと足早に家へ取って返す。すぐに戻ってきたマツ婆さんは懐から大きな夏ミカンを取り出すと、二つ、ぼくの掌《てのひら》に乗せた。

「どうもありがとう。さいなら」

マツ婆さんは、そのまま踵《きびす》を返すと、紫の垣根のある家の裏口へ吸い込まれていった。

両手に夏ミカンを抱えたまま、マツ婆さんが消えた戸口をしばらく見つめていた。

朝の光はさらにきらめき、爽やかな風が猿ヶ石川を渡り、ぼくをひと撫でしていった。

猿ヶ石川のゆったりとした清らかな流れ。どこか遠くで、鶏の鳴き声がする。

「おはようございます」

夏の朝、村人たちは起きるのが早い。

バス停で子供たちが学校へ行くバスを待っていた。カメラを向けると子供たちは、ちょっぴりはにかんだりすましたりする。

おばあさんは少し緊張気味だ。

遠野の村里には、こんなほのぼのとした、懐かしい風景が残っている。

玉蜀黍

今年はまだ、うまい玉蜀黍《とうもろこし》にありつけない。

ぼくの家の隅っこに、猫の額ほどの畑地がある。畑といえば聞こえはいいが、そんな代物ではなく、トマト、ナス、玉蜀黍が五、六本ずつ、それに青菜類が少々といった、家でほんのひとつかみ摘むぐらいで、父が楽しみで作っていたのを妻が引き継いだ。

今年の我が菜園の玉蜀黍は、実が入らず不作であった。天気が悪いからだと、妻は弁解した。

空を眺めるたびに、今年はよくもまぁ、雨の降る夏だと毒づいたり呆れたりもしている。

この日曜日も雨かと早起きしてみると、曇ってはいるが何とか天気はもちそうな気配だ。それならばと、なんとなしに北へ車を走らせてみることにした。

しかとした当てがあるわけではない。

ずいぶん昔に通った早池峰《はやちね》水系の細い沢の流れが唐突に、脳裏に浮かんだのである。

人首《ひとかべ》の集落から田瀬《たせ》湖への登りの山道にさしかかると、べったりと墨を塗りたくったような雲が、四方の山並みから降りてくる。いまにも泣き出しそうな空だ。

板張りの粗末な掘っ立て小屋の野菜直売所は、太田《おおた》付近の村への入り口。T字路の道端にある。誰もいない野菜売り場で、客はなにがしのお金を箱に入れて品物を持ち帰る。

売り手と買い手の暗黙の信用取引というわけだ。

ふと、小屋を覗いてみたくなった。

もしかすると目当ての品があるかもしれない。

『どれでも百円です』

柱に太い文字で書かれた札がぶら下がっている。小屋というより大きな箱といった狭い販売所の棚に野菜が並べられてあった。

七、八本の大根と名前のわからない青菜が数束あるだけで、玉蜀黍はなかった。

このまま黙って帰るのは悪い気がして、大根を買うことにした。

『ここにお金を入れてください』と書いた紙の箱に代金を入れる段になって、財布に小銭がないことがわかった。

財布の中身は一万円札一枚ぽっきりと、十円と一円が数箇であった。しかたがないので「大根代、三百円お借りいたします。必ず帰りに払います。一関、村田」と書いた手帳の切れ端を棚の上に小石の重しをつけて置く。

峠を下り、田瀬《たせ》湖畔を回ると、たっぷり水を抱えた赤土色の猿ヶ石《さるがいし》川の流れが右手に見え隠れしてくる。

ときおり雲の切れ間から白い光の帯が地上に降りてくる。そのたびに遠野の町が黒と白のシルエットのなかに浮かび上がる。

早池峰《はやちね》神社から左手に林道を走り二つばかり堰堤《えんてい》を過ぎたあたりから、谷底に降り立つ。目的の沢は右岸にあり流れを横切らなければならない。岩を洗う流れは勢いがあり向こう岸にたどり着くのはちょっとやっかいだ。岩場を伝い、胸までしぶきを浴びながら、ようやく川を渡る。

しばらく落差のきつい岩場を越え、上手を目指す。なにせだいぶ前の話で沢がどこだったのか記憶のほうはうろ覚えだ。

小一時間も上っただろうか、流れを分断するような岩が二つ腰を据え、その下手に狭い砂場が見える。岸辺の重なり合った隙間から水がしたたり落ち、砂場を黒く濡らしている。そそり立つ二つの岩に、見覚えがあった。その背後は樹木におおわれた深い森で、ここからではその奥を見ることはできない。

枝や蔓がはびこるヤブに、四つん這いになってもぐりこむ。掌《てのひら》に冷たい水の感触が伝わる。入りこむと、細い空洞が、うっすらとした明るさで上手に延びている。

しだいに立ち上がることができる空間があらわれ、黒々とした岩肌をなめる水音が耳に届いてくる。

ところどころ手頃な落ち込みがあり、毛バリを結びサオを振った。

期待に反してイワナの出はまったくない。そのうちなんともいえない香ばしい匂いが鼻をかすめる。それは上手から漂ってくるようだ。沢をふさぐ枝葉を押しのけて前へ一歩出た瞬間、立ちすくんだ。

沢の真ん中、岩に腰を下ろした一人の男と目が合う。相手も驚きの表情でこっちを凝視している。

思わず、ぼくは頭を下げると相手もつられたようにペコリとした。

「釣れましたか」

まさか、ここに釣り人が居るとは思わなかったし、先行者のある沢に無理にもぐりこんできた気まずさのようなものが、ぼくにはあった。

年の頃は六十歳前後だろうか、頭を短く刈りこみ日焼けした顔で、グレー色の作業服を着こみ脚絆《きやはん》巻きに地下足袋《じかたび》のいでたちは、左官か土木作業員を連想させた。

岩の上にガスコンロがあり、くつくつと煮立った鍋には玉蜀黍が見えた。いい香りの正体は、玉蜀黍であった。

「ここはよ、ひとりへえれば、それで終わりだべ」

聞き取りにくいほど、低くつぶやき彼は傍らのビクの蓋《ふた》を開ける。のぞくと、二十八センチ前後の太ったイワナが五尾、青白いぬめりを放っている。

「いい型ですね」

お世辞ではなかった。

彼の目がフッと笑ったが、それより口を開かない。

この沢は俺が釣る権利があるのだというせりふが、彼の態度のなかにありありとくみとれた。沢に立ちふさがった男は、まるで大きな岩に見えた。

ぼくは黙って、踵《きびす》を返した。

玉蜀黍が、また強く匂った。

釣れない日

夏の猛暑がだらだらと尾を引いて、九月に入っても一向に衰える気配はなかった。渇水の流れは死の川を思わせ、アユなどは暑さに溶けてしまったのではないかと冗談ともつかない話がささやかれていた。

釣り人は途方に暮れ、ひたすら雨の降る日を待ちながら渓川を右往左往していた。

「まったく、どうしようもねえな！」

週の初め、受話器の向こうから親友佐藤《さとう》茂のがなり立てる声が響いた。

「猿ヶ石《さるがいし》の上流だってよ水温は二十一度もあるんだぜ。あれじゃイワナだって茹で上がってしまうさ。これじゃよ、お手上げだぜ」

一方的にまくし立てる彼の恨みがましい声に、ぼくは黙ってウン、ウンと生半可《なまはんか》な相槌を打つ。彼に同情しているわけでは決してない。むしろうれしくて独りでに笑いがこみ上げてきてしかたがない。こんな年、黙っていると仲間はずれにされる気がして、不安にかられるのだ。

(こっちだって、似たり寄ったりだ。ジタバタしなさんな)

「魚だって食いたい日があったり寝ていたい時だってあるんだから、人間様の思うとおりにはそうやすやすと問屋がおろすわけがない」というのが彼のいつもの口癖である。その紳士然とした一家言を持つ彼が、今日はいきり立っている。それが妙に滑稽《こっけい》であった。

「おい、お前聞いてんのか。もしかするとどっかに穴場でも隠してんのと違うか。卑怯な真似すると友だちなくしてしまうぞ」

とうとうぼくは噴き出してしまう。

八つ当たりもいいとこだが、彼とは二十年来の釣り仲間だから本音のあたりは何となく読みとれる。要はどこかいい所があれば、何かとっておきの情報を聞いていたら教えてくれという暗示なのだ。こうも川の状況が悪い年になると「魚は釣れなくてもいい」なんていう殊勝なセリフを吐いているわけにはいかないらしい。

そもそも、釣りをやるのに「魚は釣れなくてもいい」という話は決して本音ではない。真っ赤な偽りだ。わかっているのにそんな愚にもつかない嘘をのたまうことがまにある。ぼくにだってある。

誰かが「今日は、魚は釣れなくたっていい」と言うと、もっともらしくうなずいたりニヤリと笑うヤツはいるが、異を唱える者はめったにいない。それは一尾でも釣りたいという切実な祈りが、魚は釣れなくてもいいという言葉の裏にこめられているのを誰もが知っているからだ。

「どこでもいい。一尾でもいいんだ。ガバッという感触を楽しみたい。出し惜しみしないで連れてけ」

しまいには哀願調の友人のぼやきに、これといった場所の当てはないし行きあたりばったりでいいならと、しぶしぶこの週末に出かける約束をしてしまった（そうでも言わなければ、彼は家まで押しかけてきそうであった）。

うまい具合に風混じりの雨が半日降った二日後が釣行日になった。あのくらいの雨で水は増えはしまいが、少しは流れに生気が戻ったのではないかという希望があった。岩谷堂《いわやどう》の町から人首《ひとかべ》川沿いに走るが、流れはすっかり涸れてサオが出せる状態ではない。雨は焼け石に水であったようだ。猿ヶ石源流域と考えたが、途中から大股《おおまた》川へ抜け気仙《けせん》川上流へと方向を変える。滝観洞《ろうかんどう》の地底湖を源とする気仙川の清流なら、湧き水も多いのでイワナの一尾くらい姿を見せるのではないかという淡い期待があった。世田米《せたまい》から八日町《ようかまち》を通り、上有住《かみありす》の金ノ倉《かねのくら》上手から釣り上る。

やはり思ったほど水量はなく、二日前の雨の影響はほとんど見られなかった。清冽な流れではあったが、ところどころ川底の石は腐った青ゴケにまみれ滑りやすい。チヨロチョロした水の流れに勢いがない。二人は両岸にわかれ毛バリを振っていく。これでは魚は出ないのではないかと文句を言いたそうな佐藤の顔がちらりちらりとこっちを眺める。知らん顔でぼくは川を釣り上っていく。昼にはまだ時間があるのにとっくに谷間に日の光は届き、川面がまぶしくきらめいている。雨は降りそうにない。今日は暑い一日になりそうだ。

ふいにキョッキョッという鳴き声を発して、二人が毛バリを振る頭上をかすめて下手から線を引くようにヤマセミが上流へ消えて行った。まるで弾丸のようだ。

「ありゃヤマセミだ。やばいよ」

二人はサオを振るのをやめ顔を見つめ合った。二人が嫌な気分になったのは、川でヤマセミに出合うとその日は魚は釣れないというジンクスがあったからだ。ヤマセミは白と黒の斑《まだら》模様をした名狩人で、そうめったに出くわすことはなかった。

まだ、二人の毛バリをくわえるイワナもヤマメもなかった。彼はしきりに首をかしげながら執拗にサオを振っていく。

中埣《なかぞね》付近にさしかかると、川端でなにやらせわしくカゴを洗っているお婆さんにでくわす。見ると川岸の水たまりに胡桃《くるみ》がごっそり集められていた。気仙川の上流域は胡桃の木が多い。川沿いにある胡桃の木から落ちた実は、流れに乗り岸辺の緩《ゆる》い淀みに流れ着く。それを地元の人々は拾い集めるのである。

「お前さんだちよ。魚っこなんて釣んねえで、胡桃拾ってけばなんぼカァチャンに喜ばれっぺ」

頬被りした色黒の婆さんは、笑いながらぼくたち二人に胡桃は高く売れることをつけ加えてしきりに拾っていけと勧める。

お婆さんの忠告はもっともだとぼくは黙ったまま会釈して、別れた。

「このあたり、婆さんが胡桃拾いに歩いたんじゃ釣れねえはずだよ。まったく嫌になるな」

佐藤は魚が釣れないのをお婆さんのせいにして文句たらたらだ。

「まあ、焦るな。こんな日にはコーヒーでも沸かしてのんびり構えることだ」

ガスコンロでコーヒーを沸かすと、いい香りが谷間に流れる。腹の虫も鳴き出す。時計はとっくに昼を過ぎている。握り飯をかじっていると、キョッ、キョッという甲高い声がして、川面をすれすれにまたヤマセミが飛んでいく。

佐藤は、途中から小さな枝沢に潜りこんでいった。もう少し上流にいい場所があるからと引き止めたのだが、彼は返事もしないで行ってしまった。一人になり、ぼくはしばらくサオを振らずに川を上っていった。小石混じりの、足首が隠れる浅い流れを歩いていくと、栗、櫟《くぬぎ》、水楢《みずなら》、胡桃の小さな林が両岸を覆い川面に薄暗い影を落としている。木漏れ日に揺れる澄んだ川底を注意深く眺めるが、走る魚影はなかった。上手から流れ着いたのか岸辺の淀みに一つ二つと胡桃の実が浮いている。流れの底にも沈んでいた。

雑木林が切れると周囲は低いヤブで、広い砂地の前方に高さ二、三メートルの岸壁を伝う流れが深々とした淵をつくり行く手をさえぎる。いつもより水量はないが、青々とした流れがゆったりと淵を巻いている。

ここならと見当をつけていたとっておきの場所だ。どんなにほかの場所が条件が悪くても、必ず何匹かは出るはずだ。減水した流れとうだるような暑さにイワナやヤマメはきっとこの淵へ逃げ込んでいると踏んでいた。

今日誰かがここでサオを出していなければ、間違いなく毛バリをくわえてくれる。淵の下手の流れ出しにそっと足を踏み入れ、腰を低く落とす。毛バリに息を吹きかけ、サオを後方に引く。風はない。

サオを振る瞬間、ふと前方に目が走りギクリと腕が止まる。淵の中ほどに張り出した胡桃の木の枝に何かがいる。目を凝らして見つめる。

逆光に白く光る胡桃の葉陰から、ヤマセミがじっとこちらをうかがっている。こんな目と鼻の距離なのにヤマセミは逃げようとしない。胡桃の木の真下にいるぼくにヤマセミが気づかないはずはない。飛び去らないのはこっちの様子を探っているのだろうか。それにしてもこんな間近でまじまじとヤマセミを見るのは初めてだ。心臓がゴトゴト鳴る。

強い日差しで表情はわからないが、人影にも敏感に警戒するヤマセミなのにいったいどうしたのだろう。下流域で飛んでいたのと同じヤツだろうか。

飛び立とうとしないヤマセミにぼくはどぎまぎしながらも、身じろぎもせず流れの中に立ち尽くしていた。少しでも身体を動かすとヤマセミはそのまま逃げてしまいそうであった。できるだけ長くヤマセミを見ていたかった。興奮が少しずつ冷めてくると、ぼくはあることに気がついた。ヤマセミはこっちを見ていながら、どうも時おり淵の上に目を奪われているようだ。ヤマセミは胡桃の枝から淵に泳ぐイワナ、ヤマメを見張っていたのだ。

ようするにヤマセミにとってこの淵は大事なエサ場で、これから食事に取りかかろうという矢先、ぼくがちょうどさしかかり邪魔をしたということになる。

いや、それにしても強情なヤツだ。釣り人を目の前にして逃げようともしない。ぼくは試しに一歩前に足を運ぶ。ヤマセミは動かない。意地悪をしてサオを淵の上に突き出す。ちょっとヤマセミは首を振るように身じろいだが、枝を離れようとしない。自分のエサ場を死守しようというのであろうか。

ぼくは岸辺の岩に腰を下ろした。真正面から浴びていた日の光が翳《かげ》って、ヤマセミの輪郭がくっきりと目に映る。白と黒の斑《まだら》模様が美しく、とさかのピンとはね上がった毛まで見てとれる。まったく、ほれぼれするダンディな奴だ。

そのとき、ぼくはあっと思わず声を上げそうになった。胡桃の葉に隠れて後ろの枝にもう一羽のヤマセミが停まっているのが、ちらちら見え隠れしている。淵の上の胡桃の枝には二羽のヤマセミがいたのだ。

番《つがい》だろうか。この夏の暑さと減水した流れにヤマセミだってイワナ、ヤマメをねらうのは容易なことではなかったはずだ。

この淵は二羽のヤマセミにとっては唯一エサを確保できる食料庫だ。だが釣り人にとってもこの淵は絶好のポイントで、きっと毎日入れ代わり立ち代わりサオを出していたのに違いない。淵が荒らされることはヤマセミにとっては死活問題だ。ヤマセミは下流域から釣り人を追いかけながら、この淵でヤマメ、イワナが釣り上げられるのをただじっと木の陰から見ているしかなかった。

ヤマセミが胡桃の枝から動こうとしないで鋭い眼差しを向けているのは、ぼくに対する無言の抗議なのかもしれない。
ぼくはサオをたたみ、淵を離れた。
川を下りながらぼくはいつの間にか岸辺に落ちている胡桃を拾い集めていた。

神さまの川

遠野《とおの》の川へは、しょっちゅう足を運んでいる。長いつきあいのうちになんとなく馬が合ったというのであろうか。いい加減飽きてもよさそうなものだが、そうならないところが妙だ。

三十数年もこの地を歩いているから、ほとんどの枝沢や名もない小沢までしらみつぶしに踏破した。ただ一か所、めったに入りこまない川がある。猿ヶ石《さるがいし》川の上流域、上《かみ》附馬牛《つきもうし》の大出《おおいで》の北東に位置する滝《たき》川がそれだ。

川沿いに数戸点在する大野平《おおのだいら》の人々は開拓農民で、主に酪農に従事している。滝川の水源は早池峰《はやちね》山群の薬師《やくし》岳の斜面からほとばしり、数本の枝沢と蛇滝《じゃたきざわ》沢、藤切《ふじきり》川を抱えて大出の集落付近で猿ヶ石川の本流と合流する。なぜ滝川でサオを振らないかというと、遠野の川で釣りをはじめたころまで話を戻さなければならない。エサ釣りでヤブ沢までもぐりこんでいたころの話である。このことは、これまでめったに他人に話したことはなかった。

そろそろ夏という「御山詣《おやまもう》で」の時季、附馬牛の猿ヶ石川を釣り上がり、小出《こいで》の集落をやりすごし大出の流れに差しかかっていた。六月の渓はどこもかしこもきらめいていて、ヤマメ、イワナの食いは立っていた。たちまちビクはいっぱいになり、あふれた。

流れに立ちはだかり、歩いていけない深い淵、通称「蔵淵《くらぶち》」の下手からヤブの斜面を這い上がり細道に抜け出る。大出の橋を渡り、ふと立ち止まり考えこんでしまった。左手の渓流域にもぐりこもうか右手の滝川を釣ろうかとちょっと迷ったのであった。今日はどこかの川沿いで野宿するか村の民家に頼みこんで泊めてもらおうか、どっちにするか算段をしていた。ためらいはあったが決断は早かった。滝川を歩くことにした。もう充分なくらい満足できる魚でビクはずっしり重かったし、猿ヶ石川の源流に分け入って帰路、岩場の上がり下りに難儀するより比較的平坦な里川を釣ったほうが宿をとるのが楽で、それだけのんびりできると思ったからであった。

数戸ある村は明るい日差しの中にひっそりとしていた。時おり甲高い鶏の鳴き声がしてドキリとさせられた。大出小中学校の分校も、日曜日のせいかいつも聞こえるオルガンの音も響いてこなかった。

早池峰神社の脇を通り、田んぼの畦道《あぜみち》から川岸に下りて行った。川幅は三、四メートルほどの狭さだが、油断すると腰上までの深さに立ち往生してしまう。

足もとからバラバラと魚影が走った。エサを放ると、すかさずサオが引きこまれた。ゴトゴトと底を這う、イワナの強い力に引きずり回される。尺イワナが水しぶきを上げた。透きとおった金色の魚体に白点がまぶしい精悍な顔つきだ。

枝の覆いかぶさる場所は素通りしてサオの振れる箇所だけを探っていった。それでも魚の引きは的確にサオ先を絞り込んだ。どれだけ上ったのだろうか。流れは細くなり日の光も届かないヤブの箇所が多くなっていた。

このあたり、大野平の村落が十数軒川の周辺に散らばっていた。滝川の流れは数本の湧水を抱えて集落付近で一つに束ねられる。小さな淵に浅い瀬の砂場もあり、秋深くなるとイワナの産卵行動がよく見られた。源流の清らかな流れは大切な飲み水として村の暮らしを潤していた。

ヤブをかき分けて行くとクルミやミズナラの林が両岸に立ち並んでいる。そこを抜けると、急にポッカリと穴があいたように明るい開けた場所があらわれた。低い土手が連なり、田畑の向こうに民家が見えた。小砂利混じりの流れが土手沿いに延びている。対岸砂地の流れに、ゆらゆらと黒い影が揺れていた。イワナだ。エサを放り投げようとサオを構えたその時、スーッと砂地の川底に人影が映った。背後に人の気配がした。驚いて振り向くと、土手の上から風呂敷包みを背負った白髪の婆さんが覗きこんでいた。杖を突き、ギョロリと目を剝《む》きこっちを睨《にら》んでいる。怖い顔つきに気を呑まれて、思わずどうもと頭を下げた。

「馬鹿だれ、罰当だりめ！」

ひと言そう吐き捨てると、婆さんはトコトコと土手の道を去っていった。降ってわいたような婆さんの出現に度肝を抜かれたが、それより何か悪さをして叱られたような、それが何なのか釈然としない後味の悪さが残っていた。サオを振る気がなくなり、川から土手に上がった。今日はこれでサオをたたむことにした。

山あいの村は、日暮れが早い。大出に戻って今夜の宿を頼まなければならなかった。宿の看板は掲げてないが、早池峰《はやちね》の御山詣《おやまもう》での季節、便宜に泊めてくれる民家があることを事前に村人から聞いていた。

早池峰神社の近く、庭の広い二階建ての大きな農家がそうで、佐々木さんといった。玄関の戸を開けると土間の上がりがまちがあって、その奥に薪ストーブが燃えていた。六月とはいえこのあたりの朝晩はまだ冷えこんだ。奥の部屋からふいに笑い声が起こった。泊り客がいるのだろうか。二、三度声をかけると、右手の障子がガラリと開いた。あっと声を呑んだ。スーッと顔を出したのは、川で出くわしたあの婆さんだ。とっさに声が出ず、米つきバッタみたいに頭を下げた。

「今晩泊めてください。お願いします」

「だめだ、お前《め》ぇは泊めねぇ」

にべもなくそっけない態度だ。ここが駄目ならほかの民家を探すよりしかたがなかった。帰ろうと思ったその時、この家主だろうか、髭もじゃの小柄な男性があらわれ、婆さん向かってひとこと言った。

「すかたねぇべ。二階に泊めてやれや」

途端に婆さんは立ち上がり、ついてこいと不機嫌に二階を指差した。助かった。あわててぼくは婆さんのあとについていった。二階の奥まった部屋は四畳半くらいの狭さであった。階下で婆さんの呼ぶ声がした。薪ストーブの前に座らされると、飯台が運び込まれた。飯台には大ぶりの丼と沢庵が乗った小皿が置いてあった。婆さんは薪ストーブの上で切り餅を焼き始めた。醤油を付け焼き返すと、香ばしい匂いが鼻をくすぐった。

「なぬもなえけどよ、御山開《おやまあ》げの祝え餅だ、食ってけれ」

婆さんは優しい声音に変わった。決して根は怖い人ではないらしい。誰かが泊まっているのですか聞くと、遠野の町の人たちで早池峰《はやちね》の御山詣での帰りだという。御山開げとは早池峰詣でを無事終えた祝宴であった。

ジャガイモやダイコンの入った味噌汁の丼を啜り、手渡される焼き餅にかぶりつき次々に平らげた。旨かった。飯を食うと緊張がゆるみ、昼から気になっていたことが頭をもたげてくる。

「お婆さん、ちょっと聞くけどよ。なんでよ。オレ罰当たりなんだ……」

恐る恐る切り出した。じろりと婆さんはまた怖い顔に戻った。ストーブに薪をくべ、婆さんはまっすぐぼくを見つめ、こう言った。

「滝川はな、神さまの川だ。悪さしてなんねぇんだ」

婆さんは目を伏せた。しばらく黙りこくっていたが、ぽつりぽつりと婆さんは語り始めた。

昔から地元では、滝川の流域は神聖な場所として魚を釣ったりみだりに立ち寄ることを戒めていたという。霊山、早池峰への御山詣《おやまもう》では滝川の又一滝《またいちのたき》を巻き、急峻な渓筋を上り薬師岳をたどり、小田《おだ》越えから上るのが遠野側からの一般的な道筋であった。

だいぶ前になるが、大出小中学校の校長先生が滝川で遊び、又一滝を越えようと誤って足を滑らせ滝壺に転落して亡くなった。地元の年寄りは神さまの怒りを買ったのではないかと噂をした。村人らで建てられた先生の鎮魂の碑が、滝のそばにいまでもあるという。

「このごとは他所《よそ》さまに話すことでねぇども……昔、祖父《ずん》ちゃんに聞いたごどだども、役立だなくなった年寄りはな、自分から又一滝から身を投げだということだ。昔の話だ」

そう言って、しんみりとした婆さんは掌《てのひら》で鼻を拭った。この事があってぼくは又一滝のある滝川に足を踏み入れることはなかった。三十数年がたっていた。

夏場になると、どの川も渇水で毛バリを追う魚影は少ない。どこを歩いてもろくな釣りをしていない時、大迫《おおはさま》の啓ちゃんから耳寄りな話が飛び込んだ。滝川で型のよいイワナ、ヤマメが毛バリに出ているという。

しかし滝川と聞いてぼくは気落ちした。滝川はぼくにとって鬼門なのだ。怖い所なのだ。あれ以来踏み込んだことはない。それでも、足は自然と附馬牛の猿ヶ石川流域に向いていた。民宿「わらべ」へ寄って釣り場のようすを聞くと、主人の佐々木さんはかんばしくないようだと首を振った。ぼくは思い悩んでいた。それは自分に課した掟《おきて》を破る怖さのせいであった。

優柔不断のまま早池峰神社の山門をくぐり拝殿に向かって歩いた。百円玉を奮発して手を合わせる。一日だけ禁を破りますので神さまお許しください。ふと、そんな言葉をつぶやいていた。それに、釣った魚は川に戻すのだから神さまだって大目にみてくれるだろう。勝手な理屈を唱えぼくは大きく柏手を打つと、駆け足で神社の山門を抜けた。

川沿いの道を歩き田んぼの畦道から川岸への降り口を探す。誰もいないのになぜか振り向いてしまう。さらさらとした流れが樹木の中を流れている。枝が邪魔をしてサオが振りにくい。ようやく、サオが振れる岩が二つほど流れに顔を出している開けた箇所にぶつかる。まだ、胸がコトコトいっている。フワリと毛バリが流れに乗る。何事もない。思わずため息が出た。

しだいにヤブが多くなり枝が両岸に覆いかぶさり、ますますサオが振りにくくなった。そんな場所はどんどん省いてサオの振れる広い場所を探す。

申し訳程度に底石が数個点在する砂地の浅瀬に出た。魚はいそうにないが試しにサオを振ってみる。林の中なので日が翳《かげ》り、スポットライトのように明るい所と暗い所が砂地に大小の円を描いている。横ざまに毛バリを放ると、暗い円からまた明るい円にさしかかったそのとき、バサッとひったくるように魚が食った。

こんな砂地のどこにいたのだろう。水しぶきが上がる、イワナだ、それもでかい。金色にきらめくイワナは掌《てのひら》にあまった。激しく動悸が鳴った。イワナは冷たい肌をしていた。ちょっとうらめしそうにぼくを睨んだ。ぼくはそっとイワナを流れに返した。イワナはスルリと砂地に溶けこんで消えていった。

ふいに日が翳った。

頭を上げたら、風がザーッと通っていった。ザワザワと梢が風に揺れ始めた。と、いきなり背後で声がした。

「馬鹿だれ、罰当だりめ!」

はっとして振り向く。誰もいない。

ゴーと唸《うな》りみたいに、風が吹き始めた。

夏の子供

八月になってもいっこうに梅雨が明ける気配はない。そうこうしているうちに、気象庁は今年の東北、北陸における梅雨明け宣言はしないと発表した。八月もあとわずかだ。

久しぶりに青空がのぞいた。ぼくはこの機会を逃してなるものかと、用事もそこそこに飛び出してしまった。

どこに行こうというあてはまったくない。この際だ、一度も入ったことのない川を選ぼうと胆沢《いさわ》川沿いの山越えで秋田の東成瀬《ひがしなるせ》村に入り込んだ。そこから南へ車を走らせ、適当な地域の川へ入るつもりだ。

深い森に川は守られ、こじんまりとした集落が散らばっている。一軒の駄菓子屋の前で車を停めた。おかみさんにこのへんで釣りができるのかと聞くと、春に釣り人がやってくるが、夏場はめったにこないという。缶ジュースとパンを買った。

上手に車を走らせ、ちょうど車が停められる引っこんだ脇道があったので、そこから釣り支度をして川に下りた。幅が二メートルほどの狭い川だが、清らかな流れだ。

小さな橋をくぐって、平瀬でサオを振った。魚は出ないが、川面に当たる日がきらめいて夏の気分が嬉しい。

「おんちゃん、釣れだが」ふいに、背後から声が降ってきた。驚いて振り向くと、橋の上に真っ黒に日焼けした子供が二人、自転車に跨《また》がって見下ろしている。

「こごらへんはあんまり魚はいねえよ」

ひょろりと背の高い男の子が自信たっぷりに言った。川は子供らの遊び場だ。どこの淵に魚が群れ、どの瀬に出てエサを漁《あさ》るか川のことなら隅から隅まで熟知しているはずだ。

「どごがいい場所、教えてくれねえか」

二人は顔を見合わせ、ふた言、三言なにやら相談したのかコクリとうなずいた。

「おんちゃん、すぐ来っからここで待ってでけろな」

そう言うなり二人は堤防沿いの坂道を自転車で勢いよく転がっていった。家がこの近くなのか、ほどなく二人は息せききって駆けてきた。ゴム草履ばきで手に短いヤスと水中メガネを携えている。カジカやイワナをヤスで突く川遊びは、ぼくにとって懐かしい昔の風景だ。今日は楽しい道連れになりそうだ。

子供らの案内でいったん川から上がり土手沿いの細い道を歩いた。青い稲穂がきらめく畦道《あぜみち》から森にもぐりこみ、生い茂ったヤブをかいくぐって行く。踏み分け道が川沿いまで届いていた。子供らの秘密の通路らしい。二人が指差す流れは、木漏れ日に青白くゆらめいていた。川をせき止めるように大岩が二つデンと流れに座り、その下手がゆったりした淵で、透き通った水が濃い緑色をたたえている。いかにも深そうだ。

「おんちゃん……」

こっちという子供の声に促されて淵の下手に回りこむ。浅瀬から探り、淵は最後にとっておこうという子供らの作戦のようだ。

わかったとうなずいて、リールのイトを引き出す。二人の子供はぼくの一挙一動を見守っているのか、ひと言も声を発しない。小さな石まわりに毛バリを流す。緑色の流れに、蟻《あり》を模した毛バリが静かに漂う。変化はない。再度、慎重にサオを振る。一歩前に出る。魚の出る気配はない。

一歩、また一歩と足を運ぶ。毛バリの選択を誤ったのか、それとも魚がいないのか。いつの間にか二人の子供はぼくの両側に陣取り、腰を低くして淵に向かって身構えていた。ここに、いないわけがない。淵の壁際、水がぶつかって流れが緩やかになっている右隅の狭い空間に毛バリを放りこんだ。うまく毛バリがもぐりこまない。何度目かに放ると岩壁に毛バリがぶつかり、ポトリと壁際に落ちた。

ガバッと水面が割れ、水しぶきが上がった。一気にサオの先が引きこまれた。腕をはね上げたまま二、三歩下がり、サオをためる。一瞬だがイワナと見てとれた。それもでかい。

「釣れたぁー、すげぇー」

子供たちの歓声が上がった。

こいつは、なにがなんでも押さえなければならない。イワナはグルグルと淵を回る。ガクガクおじぎをする引きにサオを立ててこらえると、スッと軽くなった。

しまった! あわててリールを巻く。

イトをたぐり寄せてみると、ハリの結び目がほどけていた。あれほど注意してたのに、きっちりとハリを結んでいなかったのだ。

「おんちゃん、切れだのが……」

情けなかった。せっかくとっておきの場所に連れてきてもらったのに、子供たちに手をついて謝りたかった。ぼくの顔を覗きこんだ二人は、本当に残念そうな顔つきをした。まだ出るかもしれないとサオを振ったが、淵はそっけないほど静まり返っている。

「あいづはきっと、ここの大将だ」

一人の男の子がヤスを手に淵にもぐると、いつも岩陰にでかいイワナがいて、ヤスを構えると岩穴に引っ込んでしまう利口なヤツがこの淵の大将だというのだ。二人はしばらく淵にもぐっていたがイワナはどこにも見えないと上がってきた。

まだあの強い引きの余韻が残っていた。それと、とんでもないことをしでかしたような悔いがあった。二人にいいとこを見せたかった。

「おんちゃん、行ぐべ。まだいいどこあっから、行ぐべ」

しょげているぼくを見かねたのか明るい声で言うと、二人は上手に歩いて行く。浅い流れをザブザブと渡った。林が切れ、狭い段々畑が川岸まで耕された開けた場所に抜け出た。

浅瀬でサオを振っていると、いままでそばにいた二人が急にいなくなった。上手へでも行って、水中メガネで川底を覗いているのだろう。ぼくの伴に飽きたのかもしれない。

まぶしい川面に毛バリを放りながら少し行くと、土手の上にひょっこり二つの顔があらわれた。子供たちだ。ニマニマしながら川岸に下りてきた。ランニングシャツの裾をめくり、風呂敷代わりに何か入れてる。二人は真っ赤に熟れたトマトを取り出すと、本流に注ぎこんでいる細い流れにトマトをひたした。細い流れが数個の石でせき止められ、イケスみたいになっている。湧き水をため、トマトを冷やそうというのだ。ここは彼らの食料を冷やす秘密の冷蔵庫というわけだ。

上流へ行こうとすると、「ケン」と呼ばれている背の高いひょろりとした子が、ぼくの隣にきて、あそこにいつも大きなイワナがエサを食べていると指を差し、声をひそめて教えてくれる。よく見ると、細流の上手五、六メートルにもう一本の沢が流れこんでいる。トマトを冷やしている沢より幅もあり水量も多い。その沢と本流の出合いはゆるやかな瀬になっていてゆったり流れ、水深もあるようだ。もう一人の子、丸顔でくりくりとした目の「コウジ」も、低い声で雨が降るとあそこのイワナは沢に入って隠れてしまうが、ここ数日、雨がないからイワナはあそこにきっといるはずだという。

「わかった、ありがとう。頑張ってみる」

ぼくは、緊張していた。流れに膝をつき、ことさら念入りにハリを結んだ。毛バリはやはり蟻っこのパターンだ。

ケンとコウジは川岸で膝を抱えて座っている。目がぼくがサオを振る姿を追っているのが、痛いほどわかる。何か祈りたい気持ちだ。毛バリは流心脇に、フワリと落ちた。流れのヨレに、毛バリがフッと消えたとき、バシッと水音がした。思わずサオを持つ腕に力が入りすぎる。切れる、と一瞬不安が脳裏を走ったが、ガクンとサオが曲がり魚が乗った。

子供らの、やったー、やったーという歓声を背中に、細心の注意を払ってサオを立てる。水しぶきが上がり、魚体がはねる。イワナだ。重く強い引きに、ゆっくり岸に寄せ砂地にずり上げる。二十八センチほどの、よく肥えた良型だ。イワナを両手で押さえると、子供らは駆け寄ってきた。まぶしいほどに、きらめいている。

「すげぇなあ、でけぇなあ」

「おんちゃん、いがったなぁー」

子供らに誉められて照れくさいが、本当は嬉しくてしかたがない。笑みがこみ上げてくる。イワナの顎《あご》からハリをはずし、流れに横たえた。イワナは荒い息を吐いている。しだいに元気になり、尾ビレを震わせ始めた。

「おんちゃん、イワナ食わねえのが」

「おんちゃん、イワナ逃がすのが」

二人はぼくの手もとを見つめながら、さも不思議そうに質問した。こんなとき、一番困る。

「イワナはうめえがら食うけど……今日はな、おんちゃん、この川初めてだ。初めてのイワナ。だから……」

なんとも歯切れの悪いセリフに、我ながら苦笑いする。釣った魚は川に戻してやるのがフライフィッシングだと、そんなキャッチ・アンド・リリースを理詰めで説明してもしかたがない。川で遊び、ヤスで魚を突く村の子供たちに理解させようとしても無理な話だ。

「このイワナ、可哀想だからよ、逃がしてやりてえんだ、駄目か」

二人は顔を見合わせた。

「うん、逃がしていい」

ケンがうなずきながら言った。コウジもうなずいている。両手を離すと、イワナはユラリと流心に突っ込んでいった。

コウジとケンは顔を見合わせ下手の湧き水の所に戻ると、冷やしたトマトを抱えてきた。ケンとコウジは小学五年生で同じクラスだという。

ミンミンゼミが鳴いている。

ぼくたちはトマトにむしゃぶりついた。

青空の下に白く輝く夏の川があった。

ビル・バランの憂鬱

夏も終わろうとする八月の末、人目につかない広い渓を歩いてみたいと思い立った。これには理由があった。バンブーロッドを手に入れたので、こっそり試してみたかった。バンブーロッドとは、簡単に言うと竹を削り張り合わせて作った竹ザオのことである。高価だと相場が決まっているバンブーロッドに長いあいだ嫌悪感を抱き、ロッドなんか何でもいいと周囲に漏らすことがしばしばであった。それが、あいつバンブーロッドを振っている、と冷やかされるのが少し癪《しゃく》だった。

そこで白羽の矢を立てたのが、西和賀《にしわが》の大荒沢《おおあらさわ》であった。長いあいだ護岸工事や堰《えん》堤《てい》工事で川は荒れ、流れが濁る日が多かった。それで、釣り人は大荒沢を避けているふしがあった。あそこなら川幅は広く、たとえ先行者がいてもゆったりロッドが振れる。それに間違ってイワナの一尾、二尾出るかもしれない。

枝道から林の中へ車を入れ、細い林道を中流域に向かう。シャー、シャー、と遠く蟬の声が車窓から飛びこんでくる。

大きな第一堰堤をやり過ごし車を寄せられる林の陰に停めると、歩いて川に沿って上流へ急ぐ。できるだけ上手に足を運びたかった。

木漏れ日の注ぐ林が切れると、急に深い山並みが両岸に迫ってくる。

低い山の斜面からヤブをかき分け、頃合いをみて川岸に降りる。清冽な瀬音が高く耳に響いてくる。流れに掌《てのひら》をひたすと、ヒヤリとした冷たさだ。ときおり雲の切れ間から日差しがのぞき川面をきらめかせる。

バンブーロッドは、北に住むぼくの友人の手作りだ。プロのロッドビルダー（竹ザオ職人）ではないが、精魂こめてていねいに仕上げられたロッドはどことなく優しく、温もりが感じられる。

慎重にロッドを継ぎ、ラインを通す。艶やかなロッドの肌触り。たわいないことなのだが、胸の奥から嬉しさがこみ上げてきて、思わず笑みがもれる。

一歩一歩、膝下までの流れをじゃぶじゃぶ歩いていく。ゆっくりバンブーロッドを振る。どうもスムーズにラインが伸びない。力をこめると、それだけリズムが悪くなり、うまいループを描けない。振る腕としなるロッドのバランスがしっくり溶け合わない。簡単なもんじゃないと、ついついムキになってバンブーロッドを振る。少しずつ、ラインに張りが出てきてコツがつかめてくる。

しばらく上がったが、イワナが出る気配はない。平瀬から、流れは大小の岩が重なる落ちこみの点在する渓相《けいそう》に変わってくる。イワナの出そうな雰囲気に気を引き締めてロッドを振る。何とか、初モノをこのバンブーロッドに釣らせてやりたい。

前方に二つの岩が頭を出し、その間が、ゆるやかな流れで絶好のポイントになっている。

(一発で岩の間に毛バリを落とさなければな)

足を踏み出した。瞬間、足もとがグラッときた。底の浮石に乗ってしまった。そのまま、身体は前倒しに……。

(あっ、バンブー)

一瞬それが脳裏をよぎった。倒れながら、バンブーロッドを防護すべく腕を高く上げた。

水しぶきと一緒にもんどり打って水面に突っ伏した。

ガキッと鈍い音がした。あわてて起き上がり、自分のことよりバンブーロッドに目をやる。グリップエンドからトップガイドまで点検したが、バンブーロッドは無事らしい。どこもヒビが入ったり折れたりはしていない。その代わり、バネでも折れたのか、リールが回らない。ガキッと音がしたのは、石にしたたかリールをぶつけた衝撃音らしい。リールは壊れたが、それがクッションになってバンブーロッドが助かったことになる。ちょっと膝小僧が痛いが、転倒した場所に岩がなかったので大きなケガもない。だが、あいにく替えのリールを持ってきていない。いつも持ってくるのだが、今日はうっかり忘れてしまったのだ。

引き返そうとした時、前方の岩陰に人が見えた。近づくとリールの音がして、釣り人がロッドを振っている。先行者がいたのに驚くよりも、ゆったり伸びるラインと飴色に光るバンブーロッドにひきつけられた。いい加減の年配だろうが、しゃれたショルダーバッグを肩にかけ、服装の品がよく、見るからに年季の入ったフライフィッシャーだとわかる。

こちらの足音に気づいたのか、振り向いた顔に一瞬驚きの表情が走る。

「誰も今日はいないと思ったものですから……」

ニコニコ笑いながら、やぁと挨拶する。ぼくはなぜか気後れがして、黙って頭を下げる。びしょ濡れのぼくの姿に、どうかしたんですかと聞く。しかたなく、転倒した事情を話したが、バンブーロッドの初釣りのことは伏せておいた。

彼はうなずきながら、背中のデイパックを降ろし、中からリールを一台取り出した。

「ロッドは四番ですね。じゃ、これを使いなさい。ラインは四番を巻いてます」

辞退する暇もなくぼくの掌《てのひら》にリールを置いてニコニコしている。ズッシリとした重厚な感じでボディーは黒色、金色でふち取りしてあり、刻印はビル・バランと読めた。カタログや話で聞いていた、あの手づくりリールの名品だ。

ぼくは躊躇《ちゅうちょ》した。こんな高価なリールを借りて、万が一に破損でもしたら大変なことだ。ぼくは結構ですという意味で掌を振ったが、かの紳士はさっさとぼくからバンブーロッドを取り上げ、ビル・バランを取り付けてしまった。二度、三度振ってみて、笑みをこぼした。

「素晴らしいバンブーロッドですね」と念入りに眺めている。ぼくはとっさに

「どうぞ、振ってください」と口を滑らせていた。

「いや、ぼくはもう充分ですからあそこをやってみてください」

そういって彼はゆったりとした流れのトロ場を明け渡し、さっさと川岸に腰をおろしてしまった。ぼくは内心困ったぞと思いながら、どうにでもなれと彼が譲ってくれた場所に踏みこんだ。彼の視線が痛いほど背中に感じられた。

バンブーロッドは生き返ったようにしなり、ラインを美しく引き出してゆく。急にキャスティングがうまくなったような気分だ。リールのせいだ。ビル・バランの魔術だ。ぼくは夢中になっていた。トロッとした流れから、イワナが二つ出た。

今年は雪の深い冬で、三月の末になってもなかなか暖かさは戻らない。山間部では雪の舞う日が続き、冷たい大気に川虫の羽化も少ないという。春というにはまだまだ遠い感じだ。

あわてることはない。水が温《ぬる》み魚が動きだす時季まで待つことだ。と物わかりのよい顔を見せるのだが、その実、川が気になってしかたない。そんなおり、

「ちょっとした穴場があるんですけど、行ってみませんか」という誘いがかかる。誘ってくれた相手は脳外科の先生で、野々垣《ののがき》洋一さん。

野々垣さんはフライ歴が長く、バンブーロッドを駆使しての繊細な釣りはいつ見ても優雅でため息が出る。

「湧水があって、川虫の羽化も盛んです。何とかなりますよ」

野々垣さんがそう断言するなら間違いないとばかり、おっとり刀で駆けつけた。

久しぶりに青空がのぞき、風のない暖かな日和。ひょっとしてひょっとするかもしれない。笑みをかわす二人の心の内は同じだ。

胆沢《いさわ》の焼石《やけいし》連峰を目がけて車を走らせ、胆沢川の本流から枝川に潜り込む。遠くの山並はまだ雪化粧で林道のところどころにも雪が残っていた。安全を考えて川まで歩くことにする。

低い堰堤を二つばかり越え、川岸をしばらく行くと、高さ二、三メートルの落ちこみの広いプールにぶつかる。ここが、野々垣さんがねらいをつけた秘密の場所らしい。川岸は二人が立つのに充分なスペースがあり、周囲に障害物はなくロッドは振りやすい。畳四枚ほどのプールの流れはゆっくり右に巻き、細くなった流れ出しで水がよじれ、ビロードの仄《ほの》かな光を灯す猫柳の岸辺を洗っている。

二人は黙ってロッドを継ぎ、リールのラインを引き出す。

山の陰になっている川沿いは点々と雪が残るが、マンサクの花だろうか、対岸の森の中に黄色の小さな彩りが目をひく。

もたもたしているぼくに野々垣さんは「お先に……」と声をかけロッドを振る。明るい日差しの中に軽やかにラインが伸び、キラキラと見事に線を引く。いつ見てもうまい。

カリ、カリ、カリとリールの音。いい音色だなぁと、野々垣さんの手もとを見つめてギクリとする。黄金色の輝き、どこかで見たことのあるシックな型。間違いない。あのリールだ。

「野々垣さん、それビル・バラン?」

上ずった声が大きかったのか、ロッドを止めた野々垣さんは振り向いた。

「それ、ビル・バランでしょう」

野々垣さんは、ビル・バランごときで何をうろたえているといった怪訝《けげん》な顔つきをした。東京での仕事の帰り、あるフライショップの棚の上にポツンと一台だけあったのがビル・バランで、裏蓋《うらぶた》のネジが二つ失くなっていたのを店員が予備のネジで直してくれたそうだ。それが一週間前で、売価よりも安く買えたという。ぼくの知っている値段よりずいぶん安い。幸運な巡り合わせとは野々垣さんのことをいうのだろう。

いいなぁと、羨ましさが口を出る。ないものねだりの子供じみた嫉妬心とわかっていても、しかたない。誰に笑われようとぼくには憧れのリールだ。

「こいつ、今日が処女航海なんです」

野々垣さんがニヤニヤしている。

「いいですよ、ラインの乗りが抜群ですねぇ」

掌でビル・バランをなで回しながら彼は目を細める。

ぼくは、川原に腰を下ろしたまま野々垣さんの姿を眺めていた。

青い空を引き裂いて、ラインが舞う。水面に小さな水しぶきが上がる。腕が捩《よ》じれるほどロッドが一気に弧を描く。早春の光を浴びてビル・バランはきらめいていた。

モンシロチョウ

「ずっと前から、畑を耕し野菜をつくるのが夢だったんです。化学肥料も殺虫剤も使わないキャベツは虫食いだらけですけど、どことなく輝いていました。もう嬉しくて、それを料理して家族で食べたら青虫がまぎれこんでいたんですね。何匹か食べてしまったようです」

そう言って聴衆の爆笑を誘った盛岡在住のエッセイスト澤口《さわぐち》たまみさんは、ニコニコしながらあっけらかんとしていた。

深山が雪で真っ白になった十一月の末、奥羽の山裾に広がる胆沢《いさわ》の衣川《ころもがわ》村で、「水と土と森」をテーマにしたシンポジウムが開かれた。自然との関わりを探りながらうるおいのある暮らしをするには、私たちはどう〝水と土と森〟に向かい合い、何をしなければならないかという提言を示す、衣川村の村民有志による手作りシンポジウムであった。

パネリストは日本人のジャーナリストとして初の宇宙旅行を経験した秋山豊寛《あきやまとよひろ》さん、牡蠣《かき》養殖業で森に木を植える運動を続けている朝日森林文化賞受賞の畠山重篤《はたけやましげあつ》さん、

『虫のつぶやき聞こえたよ』の著作でエッセイストクラブ賞受賞の澤口たまみさん、専業農家の衣川村代表、高橋《たかはし》れいさんの多彩な顔ぶれで終始楽しいおしゃべりが続いた。とりわけ、釣りと密接な関係がある虫の話は、ぼくにとって興味津々であった。〝虫の弁護人〟と称し、子供らと自然観察会を開き、虫好きの一女性として昆虫や自然をわかりやすく、ときにはユーモアを交えて鋭く書き綴る澤口さんのエッセイは、読む側の胸を打ち、神秘な虫の世界へと引きずりこんでいく。

「澤口さん、あのキャベツにつく青虫はですね、釣りのエサにもってこいなんですよ」

シンポジウムの打ち上げの席でこう切り出すと、彼女はへーッと目を丸くする。岩手の渓は、春から初夏にかけて川虫の羽化が盛んで、その後エサとなる川虫を探すのに苦労する時期がある。その時期の釣り人の隠し玉ならぬ隠しエサがモンシロチョウの幼虫、青虫であった。だが秘密のエサである青虫は、いまどこを探してもなかなか見つからないのが現状で、エサ釣りにとっては忘れられた幻の一品といえないでもない。

以前なら家の周囲には適当な空き地があり、そこにはきまって野菜畑があった。どこの畑にも季節になるとキャベツやハクサイが植えられ、青虫を捕まえるのはたやすいことであった。キャベツ畑の中を歩くと、あの独特な青臭いにおいがたちこめ、サナギから羽化した白いモンシロチョウが、身体にまつわりつくようにフワフワと飛び回っていたものだ。

ちょっと前まではごく当たり前に見られた光景であったが、農薬を使い始めると途端に青虫は激減した。それに拍車をかけるように畑は宅地に早変わりし、周囲の空き地には家が建ち並び、気がつくと田んぼも畑も消えていた。

あの優雅に舞うモンシロチョウは、それからめったに目に触れることはなかった。それでも、ちょっと街はずれの農家の畑にはキャベツが植えられてはいる。しかしそれは、青虫のついていないスベスベした農薬漬けのキャベツだ。

「私は釣りはしないんですけど、そうするといまではキャベツの青虫は宝石みたいに貴重で、釣り人の憧れの的なんだ」

澤口さんは面白そうに目を輝かせる。

考えてみると、釣りエサになる虫のほとんどは昆虫の幼虫である。イタドリ虫、クリ虫、ブドウ虫、サシの類といった種類から、最近はバイオテクノロジーとかで人工養殖された、聞いたこともない多くのエサが氾濫《はんらん》している。ミミズでさえ自動販売機で売られている時代で、釣りエサは自然界から捕るのではなく店で買うものと相場が決まった感が強い。

「もしかして、モンシロチョウの青虫で億万長者になれるんじゃない。来年から〝青虫売ります〟と看板を掲げて一儲けしようかしら」

澤口さんは茶目っ気たっぷりだ。

そう簡単に商売には結びつかないが、自分の庭の片隅にキャベツを植え、青虫を釣りのエサとしてちゃっかり私設エサ屋を開業していた奴がいた。釣りはエサ釣りに限ると豪語し、毛バリで魚を騙《だま》すのは詐欺師で、紳士の風上にも置けないと切り捨てる、古い釣り仲間の菊地《きくち》幸一である。

エサ釣り一辺倒だけあって、彼は年中エサ探しに没頭し、ありとあらゆる種類に精通していた。夏場、すでに卵を産みつけた川端のイタドリを刈り日陰に干したり、秋のドングリを拾い集め土を入れた箱でクリ虫を孵化させたし、土瓶で魚の頭を腐らせウジ虫までわかせた。保存用にと、エサ用のでかい冷蔵庫まで用意していた。

一時期、残雪のある季節から彼と渓を歩くことが多かった。ぼくは早春の水温の低いころはたまにエサ釣りに付き合ったが、川虫の羽化が始まるとやはり毛バリに手を出してしまう。毛バリとエサ釣り。釣果はたいがいエサ釣りの彼に軍配があがった。まれに、毛バリが爆発的な威力を発揮するのは雪代水《ゆきしろみず》が収まり、減水した流れの初夏だ。ちょうど北の渓の川虫の盛期が過ぎ、水生昆虫のエサが乏しくなる、エサ釣りのやりにくい時期にもあたる。

年に二、三回、エサ釣りの彼をギャフンといわせるのが楽しみだったが、初夏のエサ釣りの苦手な時期も彼はさまざまなエサをもって毛バリ釣りに対抗してきた。

何年前か忘れたが、夏にしては肌寒い日が続いていた。この年のアユの育ちはかんばしくなかった。アユ釣りファンは匙《さじ》を投げた格好で、イワナ、ヤマメを追ってウサを晴らしていた。菊地と二人、秋田と岩手の県境にまたがる胆沢《いさわ》の奥羽《おうう》の渓へ分け入った。冷ややかな渓川の水位は低く、どんよりした空にきらめく太陽は望めそうもなかった。

二人の好きな胆沢の渓は、両岸を歩きながらサオを振るのにもってこいの川幅で、適当な岩場と落ち込みが点在し、イワナとヤマメが混生していた。左岸と右岸、どっちを選ぶかという取り決めはないが、毛バリのぼくは妙なことに自然と川の流れに対して左側に立つことが多い。

右側でサオを振っていた彼が、「おっ」と声を上げ、サオをためている。水しぶきが上がる。中型のイワナが手もとに躍りこんでいく。

こっちを見てどうだとニヤリとする。

（今日は先を越されたな）

毛バリを替えているうち、立て続けに彼のサオがしなる。ちらとヤマメの白い輝きが目を射る。どうも今日は分が悪い。それにしても、この時期は決まって毛バリに凱歌が上がるのだが、腑《ふ》に落ちないことだ。

また、これ見よがしに彼の腕が高々と上がる。たまらず近づくと、コレコレと腰につけた大型のエサ箱を叩く。開けたエサ箱には緑色の青虫がびっしりと詰め込まれうごめいている。モンシロチョウの青虫だとわかるが、これだけの数をいったいどこで手に入れたのだろう。

どうだといわんばかりに、鼻をうごめかしながらニヤニヤしている。どうしても青虫が欲しくて農家を訪ねてはキャベツ畑を覗きこんでも、数は拾う程度で、これはどうにかしなければならないと思いついたのが、いっそのこと自分でキャベツを植えようということであった。だが、猫の額ほどの畑にキャベツを植えることは女房の頑強な抵抗があったという。せっかく楽しみで細々と野菜を作っているのに、釣りのエサを手にするためスペースを割いて捨てるだけしかないキャベツを植えるのが納得できないという理由であった。

彼は必死に事情を説明し、ゴリ押しで頼みこんでやっとキャベツを植えることにこぎつけた。肥料なしでただ何もしないで放っておけば、それだけで青虫はウジャウジャ増える。冷蔵庫で保管するとサナギになるのを長びかせることもでき、けっこう長いあいだエサとして使用できる。当日の朝使用するのに、前夜に青虫を空の金魚の水槽に移してキャベツの葉を入れておけば、すぐエサ箱に詰めこめるという寸法になる。

この日彼は大釣りした。ぼくは惨敗だった。


それから数年後、彼は東京へ単身赴任し、彼との釣行は疎遠になった。たまに電話で話をするが、休日に帰りがてらの釣りは思いっきり遊べないので不満だとこぼしていた。それが二年あまりで地元の金融機関の会社に帰ることができ、また彼本来の姿である釣りの鞘《さや》に収まった。

久しぶりに、彼と連れ立っての釣りである。エサ釣りと毛バリ釣りのコンビ復活ということになる。六月も末、毛バリ釣りには願ってもない好期だ。いつもの、通い慣れた渓は、明るい日差しの中にあった。今日は絶対負けられない。これまでの雪辱戦だ。

サオを継ぐと一足先に川岸に降りたが、なかなか彼はあらわれない。出発くらい一緒にと待っていると、照れたような笑いを浮かべて前に立った。なんと、彼のエサ釣りのいで立ちはガラリと変わり、手には毛バリ竿まで握っているではないか。ぼくはしばし呆気にとられ言葉が出ない。エサ釣りから毛バリへの変身の訳を彼はしぶしぶ説明した。

東京から自宅へ帰った日はできるだけ川へ出かけるのだが、そうそう頻繁に休みはとれない。キャベツの青虫は金魚鉢に入れたまま忘れてることがあった。そんなおりに、思いがけないことが起こった。水槽から這いだした青虫が窓のカーテンや障子でサナギになり、彼が留守の間にモンシロチョウに羽化した。部屋の中をふわふわ飛び回るモンシロチョウを子供らが見つけ、大騒ぎになったという訳であった。

それだけではすまなかった。こんな可愛いモンシロチョウになる青虫を、いままでパパは魚のエサにしていたことがばれて、二人の娘らの批判の的になったということであった。奥さんもこのときとばかり娘の側につき、キャベツの青虫を釣りエサにするのは子供の教育上悪いと言い張った。娘たちに弱い彼はしかたなくキャベツ栽培を諦《あきら》めたという訳であった。

カーカーと小気味よいリール音が谷間に響く。彼のラインが緩やかに水面に落ちてゆく。

毛バリが水面を漂う。

バシャッと水音があがった。

奥羽山地の渓谷には、滝が多い。

小さな滝、見上げるような高い滝と、いろいろだ。滝登りは、やはり夏がいちばん適している。蝉しぐれの中、水しぶきを浴びながら岸壁を登っていく。爽快そのものだ。

釣り人は、森の緑を溶かしたような深い滝壺にサオを振る。滝壺の底には、いったいなにが潜んでいるのだろう。化け物みたいな、大イワナだろうか。釣り人は未知なるものを求めて、さらに滝の上を目指す。

疵――きず――

早池峰《はやちね》山麓の薬師《やくし》川に遊んだ。夏といっても六月下旬で、深山の渓筋はまだ春の気色抜けきらない新緑の清々しさに埋もれていた。

冷たい夏が噂されているせいか耳を澄ませても蟬の声は届かなかった。ヒンヤリとした風が渡っていた。今年、灼熱の太陽は望めないかもしれない。気がかりな季節だが、春と夏の狭間にあるこの時季、渓川を歩く爽快さは皆の足を軽くしていた。

仲間は三人。早池峰山を源とする稗貫《ひえぬき》川、岳《たけ》川沿いに住む大迫《おおはさま》町の連中との釣行であった。早池峰水系流域なら岩ひとつ樹一本まで知り尽くす彼らだが、休日ともなるとここぞと思う場所には車が停めてあったり釣り人の影があり思惑どおりにはならない。ねらいも期待も誰しも似たり寄ったりということだ。

数か所を移動したが、川虫の羽化もライズも見ることはなく、ただ清冽な流れだけがあった。一人がガスコンロで湯を沸かすと、それが合図であったかのように全員岩場に腰を下ろしコーヒータイムとなった。

切れこんだ谷間に明るい日差しが入りこみ、両岸の森が匂い立つように輝きを増した。こんな日のコーヒーは格別に美味しい。このまま、岩を枕に眠ってしまいたい気分だ。

「いい渓だなぁ、いつ来てもここは」

つい言葉が出た。と、岩場に立てかけたサオの先をかすめて白い稲妻みたいにヤマセミが飛び去った。

ひと休みすると緩やかな岸際の緩斜面を這い上がりヤブをかき分けて道路に抜けた。しばらく歩いて行くと、たまに釣り人の車が何台か砂埃を上げて通り過ぎる。釣り場を探して右往左往している感じだ。やはり、誰もいまひとつ魚の出がかんばしくないようだ。川岸の林が切れると、いきなり渓が開けて岸辺が護岸された傾斜のある流れに出くわす。

道路から乗り出すとそのままサオが振れそうな流れが間近にあった。だがちょっと眺めると、低い岩場を洗う流れは傾斜のある瀬がほとんどで魚が落ち着きそうな場所には思えなかった。

高橋君がサオの先で流れを差してしきりにやってみようという仕草をしている。まぁ、ものは試しということで川岸に降り立つ。狭くて小さな流れが点在している。下手に退《さ》がり、浅い流れに毛バリを放った。スーッと滑った毛バリは、流れに顔を出した岩の端で立ち止まった。ギラリと白いキラメキが奔《はし》った。毛バリをくわえそこなったイワナは、もんどり打って下の流れに消えた。

いつもそうだ。心の準備ができてないときに限って予告なしに魚は飛び出してくる。あわてて、イワナが躍りこんで行った瀬に毛バリを振った。やっても無駄なことを二度、三度、まったく冷静さを欠いている。と、そのとき、

「あー、出たぞ」上手で大声が上がった。

振り向くと、仲間が駆け寄って行く。高橋君のサオが大きくしなっている。ジージーとリールが鳴る。高橋君は魚を下手の緩やかな流れに落とし込んで、ゆっくり寄せた。イワナのごつい貌《かお》が水面に出た。少し痩せているが尺を超える大型だ。観念したようにイワナは高橋君の掌《てのひら》に静かに魚体を横たえている。

頭でっかちの色黒で、なぜか背ビレの後方に三センチほど白い疵《きず》の線が斜めにうっすらと走っていた。どこで出たのかと聞くと、上手の岸寄りの狭い岩場を指差した。覗いてみると岩で囲まれた浅い岩盤の流れで、こんな狭苦しいところにイワナがいたとは信じがたいことであった。

イワナが流れにいたのではなく、岩の下から這い出してきて毛バリをくわえたのだと高橋君はつけ加えた。なるほど、よく気をつけて見ると流れがぶつかっている岩の

下がえぐれて深い穴倉みたいになっているようだ。

高橋君がイワナを掌から緩やかな流れに離してもしばらくじっとして動かない。そのうち、のっそりと小さな淵の底に沈んでいった。

「妙に人懐っこいイワナだな、おかしな奴だ」誰かがぼそっとつぶやいた。


それから一か月ほどたった八月の上旬にまた、早池峰《はやちね》の流域に出かけることになった。いつものメンバーにその日は東京からの友人が加わった。遠野《とおの》や大迫《おおはさま》が好きで何度かこの地に通っているライターの清水《しみず》洋子さんである。

八月になっても猿ヶ石《さるがいし》川、岳《たけ》川、薬師《やくし》川などの早池峰水系はいつもの年より減水気味で、魚の出は鈍かった。それでも何回か足を延ばしてたらそのうち良いことでもあるだろうという淡い期待があった。

夜明けと同時に川を駆け巡った。誰も入渓していないなら一尾、二尾はなんとでもなろうという考えは甘かった。思いつく渓川、あそこならというポイントが、一つずつ消えていった。口にこそ出さないが、遠来の客である清水さんに、なんとか一尾釣らせたいという願いが皆の心理にあった。気がついてみると遠野から大迫をたどり、山越えから薬師川に来ていた。

あそこなら、もしかすると出てくれるかもしれないという思いがあった。そう、七月に尺イワナが飛び出した例の場所だ。とうに昼は過ぎ、珍しく暑い日差しが降り注いだ。例の川面はまんべんなく夏の日を浴び、流れはまぶしいほどにきらめいていた。

清水さんを先頭に、静かに川岸に降り立った。彼女以外誰もサオを振ろうとしない。彼女の一挙手一投足をじっと見つめている。尺イワナは別として、小さなイワナが毛バリをくわえてもいいはずだ。皆そう思っていた。下手からていねいに毛バリを放るが反応はなかった。このカンカン照りでは無理なのか。高橋君が彼女のそばに寄り何事か耳打ちした。そうだ試してみる価値はある。

あの尺イワナが出た狭い岩場の穴倉めがけて、彼女はいくぶん緊張した面持ちでサオを振った。ぼくらは腰を屈めて彼女の後ろにいた。見物人は固唾《かたず》を呑んで見守っている。

何事も起こらない。二投目、アッという彼女の小さな声に、サオを握る腕がはね上がった。竿先が一気にしなった。サオが左右に振れた。

「あいつだ!」

高橋君が叫んだ。まさかそんな事が、という言葉をぼくは呑みこんだ。彼女の足はもつれながらも水しぶきを上げるイワナと一緒に転がるように下手にさがり、必死にサオを握りしめている。ようやく岸辺の緩やかな流れに寄せると、サオを置きイワナを両手で押さえた。彼女の顔は紅潮していた。皆から拍手が起こった。

皆は本当にあいつかと口々に驚きながら、イワナを覗きこんだ。まぎれもなくあいつだ。背ビレの後ろについた見覚えのある白い疵があった。何ということだ。あいつはあの日もう一度自分の古巣である穴倉に戻ったことになる。

「馬鹿なのか利口なのかわかんねぇな、こいつは」仲間の一人がため息をついた。チラと、ぼくを見つめた高橋君の目が一瞬寂しげに曇った。

疵のことで、ほろ苦い思い出がひとつあった。これからの話は、あまりおおっぴらにしたくないことで、だいぶ古くなる。エサ釣りから川の水生昆虫を真似た毛バリ釣りに切り替える仲間が増えてきたころであった。友人の小野寺君の場合は春はエサ釣り、夏の期間だけ毛バリ釣りという二足の草鞋《わらじ》釣りであった。

ようやく雪代水《ゆきしろみず》が収まった六月の下旬。彼と西和賀《にしわが》の和賀《わが》川上流へ分け入った。毛バリでイワナの大ものをねらおうという魂胆であった。いまでもそうだが、数こそ少なくなったもののイワナの四十センチクラスが出るのは西和賀の水系が多かった。

ねらう場所はとうに決めていた。赤沢《あかさわ》の本流を渡り、山越えの急斜面をたどり和賀の上流域へもぐりこむ寸法だ。万が一源流域の雪が解け出す危険があるので、夜が明けると同時に赤沢の瀬を横切りに山肌にとりついた。

途中、何度か川底を走るイワナに出くわしたが、サオを出したいのを我慢して目指す淵にたどり着いた。芽吹きの渓に青々とした滝の流れは、息を呑むほどの美しさであった。淵の広さは畳六、七枚で、ずいぶん浅くはなったが深さは四、五メートルはあるだろうか。淵に落ち込む流れは底がえぐれた滝壺をつくり、いかにも大物がいそうな雰囲気であった。

下手の砂地から二人は並んでサオを振った。しばらく熱心に毛バリを放り投げたが、淵は黙りこくったままだ。業を煮やした小野寺君が流れが腰の深さに達する淵の中ほどに入り込んだ。滝の水しぶきが彼に降りかかった。何度かの後、「なんだ、根掛かりか」とサオをあおった瞬間、ジーッとリールが逆転して、鳴った。ぐんぐんイトが引き出されていく。

彼は何やらわめきながら懸命にサオを立てようとしていた。

「イワナだ！　イワナだ！　でかいぞ、でかいぞ」とぼくは叫びながら、少しずつ淵にはまり込んでいく彼の腰にしがみついた。

彼の身体はぶるぶる震えていた。無理するな無理するなと言いながら、ぼくも震えていた。リールの音が止まった。少しずつ彼はリールを巻き始めた。何度か強い引きがあったが、徐々に姿をあらわしてくる。青い水面に、ゆっくりと黒い背が浮いてきた。でかい。

「いいか、最後まで慎重にだ。いいか」

「うん。うん。あー心臓さ悪ぅ」

砂地まで静かに寄せる。わっと叫んで二人はイワナに抱きついた。ちょっとの間砂地にへたりこんで、ハア、ハア息をしながら茫然としていた。四十センチはあろうか、顎《あご》の張ったいかつい風貌だ。観念したのか、おとなしくじっとこちらを睨んでいるふてぶてしさがあった。

「どうする、この化け物」ぼくは聞いた。持って帰るのかという意味であったが、決定権は彼にあるのだからあえて言うこともなかったかもしれない。

黙ったまま彼は口を開けながら喘《あえ》いでいるイワナに掌で水をかけていた。

「こいつは、この淵の主だべ」

ぽつりと彼はつぶやいたままちょっとのあいだ目を閉じた。イワナがドタリと尾ビレを震わせた。

彼はイワナを起こすと、貌《かお》が浸かる程度の水の深さまで運んだ。そしてベストから小さなハサミを取り出した。尾のつけ根を摑《つか》み、一度ぼくを見上げた。それから尾ビレの下方にハサミを入れ、一辺が二、三センチほどの三角形に切り取った。イワナの尾ビレにくっきりと三角形の鋭い切れ込みの疵が入ったことになる。

彼はイワナの頭を淵に向け、流れに浸した。次第に元気を取り戻して、大イワナは魚体をひとひねりすると青い淵の底に消えて行った。

「な、これくらい、いいべな」

彼は少し怒ったような顔つきでぼくを見つめた。

かむら旅館

岩泉町《いわいずみ》安家《あっか》の元村《もとむら》に、一軒の旅館がある。「かむら旅館」は古びた木造の二階建てで、道路ひとつ隔てた前を澄み切った安家川が流れている。

初めて「かむら旅館」に投宿したのは二十数年も前になるだろうか。東北本線の盛岡駅から山田線に乗り換え、茂市《もいち》駅から岩泉線の岩泉駅終点。それから、二往復しか走らないバスに乗り、崖際《がけ》の狭《せば》まった山越えの道を安家元村まで、のろのろと気の遠くなるような長旅だった。

「かむら旅館」は昔から村人が何か相談ごとを持ち寄ったり、飲み食いする寄り合い所みたいな役目を果たしてきた。単身赴任の村の小・中学校の先生方も、朝晩の食事はここで済ませていた。

当時、バイカモの群生する清流には、イワナやヤマメがひしめいていた。釣り人にとって、安家の地はまさに桃源郷であった。ぼくを安家川に引きつけた理由はもう一つあった。

地元では「シュウリ」と呼ぶ淡水の二枚貝、「カワシンジュガイ」の生息である。安家川は、東北でも貴重なカワシンジュガイの生息地で、まれに貝の中に真珠を抱えるという。川の底にびっしりと貼りつくカワシンジュガイは、神秘的な美しい貝であるが、水の汚染に弱い。

ここに通ううちに奥地の森の伐採が始まった。川の流れが濁る日が多くなった。気がつくと安家川から遠ざかっていた。それから長いあいだ、訪れてなかった。

安家川へ足を延ばすのは、十数年ぶり、本当に久しぶりである。雨の降りそうなぐずついた天気であった。朝ゆっくり出かけたため安家川の枝川、大《おお》川沿いの山道にもぐり込んだころにはもう昼に近く、薄霧が渓にたちこめていた。霧をかき分けるように車はそろそろと渓川沿いをたどっていく。

元村から三キロほど下ると、小さな淵と落ちこみが点在する緩やかな流れが、ぼんやりと木立の間に見え隠れする。

霧が晴れてきた。白いカーテンが引き上げられるように、ゆっくりと周囲の景色が浮かび上がり、川面がきらめきを見せてくる。釣り仕度をして、川岸に降り立つ。

サオを振って、毛バリを水面に落としていく。逆光に毛バリのシルエットがフッと消える。ヤマメが水しぶきを上げ、手元に躍りこむ。一つ、二つと水面が炸裂《さくれつ》する。ぼくは手頃な型のヤマメとイワナを一尾ずつビクに収めた。

サオを振りながら流れの底を覗きこむが、カワシンジュガイは見つからない。以前このあたりはカワシンジュガイの群生地であった。

カワシンジュガイは、流れの速い深さ二、三十センチの浅い岩場の砂地に、突き刺さるように立っていることが多い。

葦《あし》の茂る向こうに丸太を組んだ橋が見え、左手の対岸の高台に平屋の民家が川を見下ろすように建っている。

流れが緩くカーブした葦が切れる手前に、人の動く姿があった。丸太一本渡しただけの橋のたもとの浅瀬にしゃがみこんで、誰かが川底を動き回っている。長い髪が揺れる。半袖の二の腕と膝上までズボンをたくし上げた両足が、白く浮かび上がる。そのうちぼくに気がついた若い女は、あわてて川から上がり、本道へ出る小道を小走りに駆けていった。

ぼくは橋のたもとまで近づき、あの女がしゃがみこんでいた地点を注意深く見つめた。川底には行儀よく七、八個のカワシンジュガイが並んでいる。

あの女はこのカワシンジュガイが目的だったのだろうか。とにかく、貝を見つけることができてほっと胸をなでおろす。

「かむら旅館」にたどり着いたころには、日はすっかり落ちていた。

建物の造りはあのころと同じで「釣り宿」の看板も昔のまんまだ。

「かむら旅館」の前で二度、三度声を上げ案内を請う。

「はーい、部屋は二階だから、勝手に上がってくらいな」

聞き覚えのある声だけが台所あたりから届く。

しばらくして、エプロンで濡れた手を拭きながら、しばらくだねと大柄のおかみさんが笑顔を見せた。人なつこい態度は少しも変わっていない。腹がすいたので食堂に入りこむと、先客がいた。テーブルの隅で女が一人、本を読んでいる。川にいた女だとすぐにわかった。

「今晩は……」

女はちらとこちらを眺めると、小さくコクンと首を折り、また本の上に目を走らせる。

ぼくは勝手口を覗き、持ち帰ったイワナとヤマメを手渡して焼いてくれるようおかみさんに頼む。

風呂から上がり食堂に戻ると、女はカレーライスを食べている。釣った魚が焼かれて出てきた。ぼくはヤマメを別の皿に移し、カレーライスの女の前に置き、どうぞと言った。

「いいえ……いいんです」

女は尻込みするように、眉をひそめて皿を押し戻してきた。ぼくは遠慮しているのだろうと考え、おいしいですからと押し返した。

「釣りをする人は、野蛮です」

唐突でほとばしるように、発せられた強い言葉にぼくは思わず箸《はし》を止めた。あっけにとられているぼくの前で、俯《うつむ》いた彼女の肩が、小刻みにふるえている。と、ガタンと椅子を揺らし、一度も顔を上げないまま彼女は走るように出て行った。

「だんなさん、おなご先生、何がありやしたが？」

おかみさんは怪訝《けげん》そうな面持ちで茶の間から出てきた。どうしてあんなに彼女が怒ったのかわけがわからない、と言うとおかみさんは困ったような顔をしながらもうなずいて、こんなことを話してくれた。

彼女が教師の資格を取り、安家《あっか》の小学校に着任したのは去年の春で、村の民家に部屋を借り、食事のたびにここへ通っているという。

そのうち、先生は生徒らと安家川沿いの清掃を計画したり、カワシンジュガイの調査に熱心に取り組みはじめた。一度は、黙ってカワシンジュガイを持ち帰ろうとした釣り人と言い争うこともあった。

ちょっとした事件があったのは今年の春で、「かむら旅館」に泊まった釣り人五、六人が、釣ったヤマメとイワナを大小二、三十尾も焼いて皿に盛り上げ、同席した〝おなご先生〟に食べるように勧めたのが発端であった。酔った勢いも手伝ったのか、釣り人らの乱暴でしつこい押しつけの態度に〝おなご先生〟は泣き出し、あなたたちみたいな人がおるから、安家川は汚れる一方だと、泣き叫んで一時騒然となったという。それ以来、おなご先生の釣り人嫌いが激しくなったのだと、おかみさんは顔を曇らせた。

テーブルに置かれたおかみさん手づくりのごちそうはすっかり冷たくなっていた。食欲がなくなっていた。それでも冷めてしまったヤマメを無理して口に押しこんだ。なかなか寝つかれなかった。考えてみると、これまでの彼女の言い分も態度もなんとなく理解できた。それだけにぼくのうかつさが悔まれた。真夜中に雨足が窓を叩き始めたころまで、うっすらと覚えていた。

寝坊をしてしまった。階下の食堂に降りてゆく。明るい日差しが玄関口まで入りこんでいた。夜半の雨も晴れたらしい。

「おなご先生が、今朝早くそれをだんなさんにって置いてゆきました」

おかみさんが指差したテーブルの上に、赤い千代紙でくるんだ小さな箱の包が置いてあった。手にとるとふわりと軽い。なんだろう。

箱の包みの中味が気になっていたのか、心配そうな顔つきでおかみさんはぼくの手もとを覗きこむ。

包みを開けると香ばしい匂いが鼻をくすぐる。クッキーは飴色で、つまむとまだ温かかった。

「これから朝飯にすっから、お茶でも飲んでてや」

おかみさんは嬉しそうに笑みをたたえて、台所に消えていった。

川マツモ

もう、とっくに夜が明けているはずなのに、川の流れはどんよりした灰色の空の下にあった。日の光の届かない、ベッタリとした暗褐色の川面は、そっけなく無表情だ。魚のはね音はない。鳥のさえずりもない。こんな夏の朝にサオを振っているのがどうもいまいましくなる。

川に立ち込んだ瞬間、いやそれ以前から、今日はだめだ、釣れない、という確信めいた気分に襲われることがある。風、光、大気、森のざわめき、川の気配が、釣り人の本能とやらに訴えかけてくるのだろうか。ここ数回、そんな思いにとらわれている。

結果がわかっているのなら、釣りなんてやめたほうがよいのだが、そんなに簡単に諦《あきら》められないから困るのだ。ぼくの場合、秘かに心のどこかで悪あがきを楽しんでいるといった向きがある。いつか、素晴らしいドラマに出合えるに違いない。そういつも夢を見ている。だから懲りずに川へ出かけてしまうのだ。

ここは遠野《とおの》盆地の静かな山あい。猿ヶ石《さるがいし》川は安居台《あおだい》の下流域で田畑の間の細い流れだ。岩場のない小砂利と砂地の平坦な川で、右岸はなだらかな低い山と森が重なる。川沿いには舗装されていない小道が山肌を削り取って曲がりくねっている。道は数戸の家々を結び、やがて山に遮《さえぎ》られるように途絶えてしまう。めったにクルマの行き来はない。土手の向こう側の左岸は、狭い水田と畑が本道ぎりぎりまで広がっている。少し距離があって、本道からは川の流れを見ることはできない。

ワインの里・大迫《おおはさま》町から宮守《みやもり》村の達曽部《たつそべ》川沿いに車を走らせ、山越えの道を下りたころには、まだ周囲は薄い靄《もや》のベールに包まれていた。附馬牛《つきもうし》の村落と四方の森がぼんやり輪郭をあらわした時、ぼくは流れの中にいた。魚が動き出す朝マズメをねらおうという算段だ。

風はない。浅い流れを足音を殺しながら歩く。サオを振る音、リールのジ、ジという音さえなるべく控えめにと気を遣う。草で覆われた岸辺の小さなタルミ。ていねいに毛バリを放り投げる。あそこでヤマメが欠伸《あくび》をしてるかもしれない、そう思うと、腕が痛くなるほど慎重に毛バリを投げる。背をかがめ、川面を這《は》うようにして、一歩一歩前進する。いじらしいほどに謙虚ではないか。深いトロ場。ここにいるはずだ。今朝までかかって巻いたトビケラの毛バリ、カディスはぼくの十八番だ。毛バリをあれこれ替える気はない。それほど魚の機嫌を取るつもりもない。

出ない。影さえもない。カワガラスがぼくにぶつかりそうになりながら、チッチッと上方に消えていった。

不意に風が流れた。すると、頬にヒヤリとした冷気が張り付いた。ゾクッとした寒気が身体を走る。ふと、周囲を見渡す。気がつくと、すごい勢いで白い霧がわき出していた。乳白色の霧が、風になぶられ波のようにうねり始めた。

霧が上下に揺れたり、めくれたり押し寄せてきて、たちまち緑の森や川の流れを白く塗りこめてしまった。四、五メートル先の川面に投げた毛バリの形も色も、霧に溶けこんで消えてしまう。これではまったく釣りにならない。

ジワジワとした冷たさが足もとから頭のてっぺんまで這い上がってきた。ねっとりとした白い膜が、しつこく身体にまとわりつく。

これはきっと〝山背《やませ》〟の襲来だ。三陸沖で発生した冷たく湿気を含んだ東寄りの山背が、上昇し霧を伴って北上《きたかみ》山地を越えてくる。その霧は晩春から夏まで吹き、遠野地方にしばしば冷害をもたらしてきた。

霧はだんだん濃くなって、手を伸ばすと指先がかすんで見えなくなってしまう。まわりの風景がミルクの底に沈んだようだ。だが沈殿しているのではなく、山背は重く軋《きし》むように少しずつ動いている。遠く何か聞こえる気がする。人の囁《ささや》き、呻《うめ》き声、誰かが呼んでいるような……。

音のない音が、ひたひたと心の奥底までしみこんでくる。少し怖い。

サオをしまい、土手に登った。草むらにしゃがみこんで山背がやむのを待つことにする。雨に打たれたかのように身体はじっとり濡れている。寒い。

しばらくすると、霧の動きが少しずつ激しくなる。帯状に流れたと思ったら、波がうねるように、打ち寄せては引き返す。そのうちに、ほんわりと大気が明るくなった。地面から幕が引き上げられるかのように、霧はゆっくり消えていく。しだいにぼんやりと周囲のシルエットが浮かび上がってくる。朝の薄日まで差しこんできた。

立ち上がり、歩き出す。山背は去ったようだ。この合間に何とか魚の顔を見たい。

土手の上から、川の流れを覗きこみながら歩く。もうそろそろ流れに戻ろうか、と降り口を探していると、前方に人影が見えた。川岸でゴソゴソ、動き回っている。人影の背後には小さな水田がある。その畦道《あぜみち》から川まで、人が通れるほどの道ができており、その場所だけ土手が切れている。もっと近づいてみると、川岸まで降りることができ、流れは数個の玉石でせき止められ、小さな池ができていた。村人が農具や野菜を洗うために造ったのだろうと想像がつく。そこで一人の村人が何かを採っている。緩《ゆる》やかな流れの岸に青々とした水生植物のバイカモが揺れていた。どうやらそれを摘み採っているようだ。村人はこちらに気がつくと、振り向いて上目づかいにぼくを見た。ぼくは「おはようございます」と頭を下げた。村人は黙ったまま、ザブザブ川から上がってきた。

「それ、バイカモでしょう？　どうするんですか」

「バイカモってなんだそりゃ？　こいつは〝川マツモ〟だ」

ムッとした表情でジロリと目を剝《む》かれた。

へたなことをしゃべると怒られそうな気がして、ぼくは口をつぐんでしまった。村人はぼくをうさん臭そうに眺めると、クルリと背を向けてしまった。

「あの、それどうするんですか？　教えてください」

と、それでもぼくはしつこく食い下がる。

「食うんだべや」

うるさそうに村人は足を止め、振り返った。

「バイカモ、いや川マツモって食べられるんですか？」

そういえば図鑑に、キンポウゲ科のバイカモは食用にできるとは記載されていた。しかし、遠野の地域でバイカモを食べる話はほとんど聞いたことがない。

「お前、川マツモ食ったことがねえのか？　これで一杯飲んだらこたえられねえぞ」

村人は思わず目尻を下げてニヤリとした。根は優しい人らしい。まだ一度も食べた

ことがないことを告げると、いきなり、

「じゃあ食わせるから、家に寄っていけ」と言う。

「山背の降りる日に釣りっこしたって気が滅入るだけだ。こんな時にゃ、なんぬもしねえこった」

村人は、しんみりそう言うと、ついてこい、とぼくをうながした。

村人の家は川岸の道からほど近い、こんもりとした杉林の中にあった。玄関から土間に上がると板張りの茶の間が続き、そこに薪ストーブが焚かれていた。今年の夏は寒いから朝晩薪を燃やしていると、挨拶に出てきた女性が話してくれた。村人の連れ合いらしい。

山裾の奥にある附馬牛《つきもうし》の村では、年によっては一年中ストーブの火を絶やさないことがある。とくに山背の多い年はそうだ。

冷えきった身体に徐々に温もりが戻ってきた。

しばらくすると大きな丼に盛られた川マツモが出てきた。緑色の鮮やかな色調と細麺のような形は、海草のマツモにそっくりだ。

バイカモを〝川マツモ〟と呼ぶのはまったく的を射ている。

「さあ、食ってみろ」という声にうながされ、さっそく箸をつける。

シャリリとした歯触りと酢醤油の味付けがマッチして、これがあの水草、バイカモとはとても思えない。いくらでも食べられる。うまい。村人は目を細めながら、どうだと言わんばかりに焼酎を傾けている。

聞くところによると、川マツモが食べられることを遠野の村人に教えてくれたのは、栃木から来た行商人だそうだ。時代は、明治まで遡《さかのぼ》るという。

遠野は昔から冷害で飢饉《ききん》の多い悲惨な歴史を抱えてきた。このころ、遠野の人々は川マツモが食べられることを知らなかったのだろうか。試食した人もいなかったのであろうか。昔は猿ヶ石川の遠野流域、いたるところにびっしり川マツモは群生していたのである。食べられるとわかっていたら、飢饉時にどれほど助かったであろうか。そんな想像までしてしまった。

「川マツモのあるところには、魚がびっしりつくもんだ。魚の栖《すみか》だもんな」と村人は言う。

大水が出たり、渇水して石ゴケがなくなると、アユは川マツモの中に潜りこみ、そのシダのような葉に付いた川虫を食べる。すると、川虫と一緒に川マツモがアユの腹の中に入り、焼くと乙な味がしたものだ、とその村人は懐かしがった。

釣り人が多くなるにつれ、邪魔だとばかりに川マツモは蹴散らされたり引き抜かれて岸に捨てられたりしてきた。河川工事の影響も重なり激減した。まるっきり姿を消した流域もある。

「釣りっこするやつらの中には、常識のないやつがいるもんだなあ」

村人は少し酔いながら、愚痴《ぐち》をこぼし始めた。焼酎のビンを膝に抱えている。たまに顔を覗かせ、お茶をついでいくおかみさんのたしなめるような眼差《まなざ》しを一向に気にしていない。

「川マツモのある所はなあ、イワナ、ヤマベもよく釣れるもんだ。誰も知らねえ」

村人は酔いがまわったのか、おしゃべりになった。そのうち秘密の場所だから誰にも言わない約束で、こっそり川マツモの群生する川の名を一か所教えてくれた。そこは、まだぼくも行ったことのない川だった。

居間の明かり障子が、ふっと暗くなった。風の流れる音がする。

「山背のやつ、また来やがった」

村人はそうつぶやき、再びコップに手を伸ばした。

雪っこイワナ

しばらく忘れていた川を、ひょんなことから思い出すことがある。

キャンプ用具を揃えようと物置をかき回していたら、棚の隅に埃をかぶった白っぽい緑色の石のかけらが目に入った。

こんな所にまぎれこんでいたのか、思いがけない物が見つかった。二十センチほどの平べったい、だ円形の石で、握るとしっとりした質感と重さが伝わる。一見して、何のへんてつもない石のかけらだが、古い時代から限られた地域で刃物を研《と》ぐ砥石《といし》として使われていた。

砥石にできる石は、どこにでもあるというものではない。

ぼくが砥石に使う奇妙な石を知ることになったのはずいぶんと前で、一匹狼を気どって渓川の源流域をさまよっていたころだ。

夏の暑い日だったことは覚えてる。蟬がやかましいほど鳴いていた。この日、焼石《やけいし》岳を源とする胆沢《いさわ》川の支流、前《まえ》川の上流域を探っていた。流れの中を歩いていてもうだるような暑さに汗がしたたり落ちた。

木陰で涼もうと林道に這《は》い上がり、とりあえずもぐり込んだのが小白沢《こじろさわ》であった。狭い谷筋を樹木がおおい、ひんやりした緑陰が上手へ延びていた。たちまち汗が引いていくのが心地よかった。

しばらくサオも出さず、谷底を歩いていた。初めての沢であった。日の光も届かない谷間であったが、妙に明るい流れと白っぽい岩場に源流域の狭苦しい圧迫感はなかった。

スーッと、足もとから黒い影が岩陰に消えた。魚がいるらしい。とそのとき、前方の岩陰からガツ、ガツという音が響いてきた。ギクッとして、立ちつくした。一瞬、熊かと思ったのだ。岩に手をかけ、そっと覗いた。一人の男が、岩に向かって鑽《たがね》を一心に打ち続けていた。

鑽を打つ音がやんだ。男はぼくに気づいたらしい。岩を乗り越えると、男はこっちを睨《にら》みつけていた。何しに来たというような怖い顔つきだ。何も悪いことはしていないのだが、相手の威圧に押されて、頭を下げてしまった。

「あのー、何か音がしたもんで、何だろうと思って、それで……」

日焼けした顔のきつい表情がふと緩むと、男は鑽で欠いた岩のかけらを、ツルで編んだ背負いカゴに積めこんだ。

「こごはよ、釣りっこするどこでねぇ」

言い残して、男は岩場を駆けるように下って行った。岩場の下に、男が鑽で欠いた小さな岩のかけらが散らばっていた。緑がかった白っぽい石のかけらをひとつ拾うと、わけもなくベストのポケットにねじこんでいた。

男に再び出会ったのは、翌年の春であった。出会ったというより、向こうからぼくを見つけて、あらわれたといったほうがいい。

ようやく雪代水《ゆきしろみず》が収まった六月中旬の胆沢の谷川は、むせかえるような新緑に埋もれていた。前川の源流域の枝沢、水無沢《みずなしざわ》を詰めている途中、ふと峰を見上げたら点のように動く影があった。熊かカモシカではと思ったが、よく眺めるとどうも人間らしい。急斜面の崖をスルスルと降りてきて、林にまぎれてあっという間に見えなくなった。猿みたいで人間業《わざ》とは思えない身のこなしに、あっけにとられてぼうっとしていた。きっと山菜採りのプロなのだろう。山菜採りのベテランになると、一山二山越えるぐらいわけもないことだ。

毛バリを放っていくが、どうも魚の気配がなかった。いつもなら大釣りするのだが、妙なことだ。ぼくより先に、この渓に入りこんだ釣り人の形跡は見られなかった。谷が狭《せば》まってきて、小さな落ち込みの下手に毛バリが流れると、ユラッと黒い背が揺れた。イワナだ。岩陰に頭だけを出して、上手の流れを見つめている。毛バリを新しいのに替えて、気を入れてサオを振った。文句なく、イワナの鼻っ面を毛バリは流れた。イワナは飛び出すそぶりを見せたが、魚体半分ほどでまた岩陰に引っこんでしまった。何度やっても同じであった。そのうちイワナは用心したのか、岩陰にすっかり隠れて見えなくなった。突然、ピーという音が頭上から降ってきた。腰を抜かさんばかりに驚いて見上げると、真っ黒に日焼けした顔が、崖の上の樹木の間からこっちを見下ろしていた。ピーという音は、口笛だったようだ。ザラザラと枝を揺らして、男はストンとぼくの前に降り立った。男はニヤニヤと笑っていた。ようやく気がついた。去年、岩に鑽《たがね》を打っていたあの男だ。

「悪いけどよ、この沢、俺が釣ったがら、今日はイワナ、もう出ねぇ」

男は意外にも、ちょっとすまなそうな表情を見せた。さきほどの一部始終を、男はじっと見ていたに違いなかった。遠くの峰にいたのは、この男だろうか。

ゆっくりと、男を観察することができた。帽子もかぶらず、痩身で背が高い。地下《じか》足袋《たび》をはいた上に草鞋《わらじ》をつけたいで立ちは、精悍な山人の雰囲気を漂わせていた。男は背負いカゴを下ろすと、岩の上に腰をかけ煙草を吸い出した。あのときの険しい顔つきは、どこにもなく穏やかな優しい眼差しであった。こっちを向いて男は言った。

「メシは、食ったが」

「いえ、まだです」

「そんだら、ここでメシにするべぇ」

昼時間はとうに過ぎていた。

男はやおら、背負いカゴの中から石のかけらと太いイワナを二尾つかみ出した。腰に差したナイフを抜くと、水辺でナイフの刃を小さな石のかけらで数回なぞってナイフの刃を研いだ。その石を見て合点《がてん》がいった。あの日、男が鑽で欠いていた緑色の石であった。

「それは、あの時の石ですか」

「そんだ。下嵐江石《おろしえいし》といってな。昔から砥石に使ってんだ」

男は一度だけ会ったきりのぼくを覚えていたようだ。男は平らな岩の上で手際よくイワナをさばくと刺し身にした。小瓶に入れた醤油まで用意していて、蕗《ふき》の葉をちぎって皿代わりにした。ぼくはあわてて持ってきた握り飯をすすめると、あるからいらないと言った。せめてもとインスタントの味噌汁とコッヘルを取り出し、湯を沸かした。思いがけなくぼくにとっては贅沢な昼食となった。イワナの刺し身は、美味であった。男は黙って、握り飯をほおばっていた。イワナの刺し身にはあまり手をつけず、ぼくがさしだした味噌汁のカップを抱くようにして飲んでいた。でもなぜ、こうもこの男はぼくに親切なのだろう。少し気味が悪かった。

男に聞きたいことがあった。それほど怖い人ではなさそうだと踏んで、話しかけてみた。

男は、相沢《あいざわ》と名乗った。生まれは前川の流域、胆沢《いさわ》村渋民沢《しぶたみざわ》で、五十数年も前に十六所帯、およそ八十人前後の家族が暮らしていたという。

相沢さんは子供時代から前川流域で過ごし、遊び場はもっぱら山と川であったという。村には小中学校の分校があり、小さな診療所や体育館も建っていた。廃村になったのは昭和三十六年ごろで相沢さんが二十一歳のときだった。村の人たちは営林署関係の仕事に従事していた。木材の伐採や植林が主で、運搬用のトロッコは胆沢の町から胆沢川の断崖の渓谷を縫って、渋民沢まで延びていたという。秋田県の東成瀬《ひがしなるせ》村に通じる、昔の仙北《せんぼく》街道の入り口が渋民沢の下流にある下嵐江《おろしえ》で、猿岩《さるいわ》山の頂上には朝廷が選定し、神社帳に記載された由緒ある於呂閉志《おろへし》神社が村人の信仰を集めていた。小《こ》白沢《じろさわ》は昔は砥石沢《といしざわ》と呼び、刃物を研ぐ石が採れる沢を村人は大切にし、誰ともなく下嵐江石と呼ぶようになったのではないかと、相沢さんは語った。

「じいちゃんがよく言ったもんだ。砥石沢のイワナは釣ってなんねぇ。神さまのイワナだから、罰が当たるぞってな」

だから、俺はこれまであの沢では一度もサオを出したことはないと、相沢さんはじろりとぼくを睨んだ。心の底までも見透かすような視線に、思わずたじろいだ。

「そんでもよ。何言ったって、あの沢さ入るのはよ自由だから、すかたねぇべな」

相沢さんは笑いながら、ぼくの膝を叩いた。

「それによ。砥石沢のイワナはよ。雪のように白っぽくてな、じいちゃん言ってたな、雪っこイワナってな。本当は見てぇもんだ」

谷の岩が白っぽいのは石の質によるもので、小白沢の名もそんなところからつけられたのかもしれない。イワナが雪のように白いのは保護色ではないのか。そう相沢さんに言ったら、ウンウンとうなずいた。帰り際に今度いつ会えますかと尋ねると、こっちから会いに行くと相沢さんはニヤリと笑った。

どうにも砥石沢のイワナが気になってしかたがなかった。雪のように白いイワナ、一度確かめたかった。釣りあげても放してやれば罰も当たらないだろう。勝手な解釈で、とうとうぼくはその年の夏の終わり、砥石沢にもぐり込んだ。

ここぞという場所で毛バリを振るが、イワナの出はなかった。岩場を越え、狭い岩壁を蟹のようにへばりつきながら、さらに上流を目指した。ときどきまわりの森を見回した。どこからか獣のような目で相沢さんに見られているような気がしてならなかった。

谷は狭くなり、森が谷間を覆いつくしていた。水の激しく落ちる音がした。岩を乗り越えると、十メートルほどの滝が水しぶきを上げていた。滝壺は畳五枚ほどの広さで、ゆっくり時計回りに水は動いていた。

これより上流には魚が棲めないという、これが魚止《さかなどめ》の滝だろうか。汗だくの身体が少しずつ冷めていった。何気ない風をよそおい、周囲を見渡す。森はしんと静まり返って、蟬の声も届いてこなかった。

滝壺の緑色したゆっくりした流れに、毛バリを放り込んだ。水しぶきに打たれ震えながら毛バリは流れる。何事も起きなかった。二投目、三投目、じっとり掌《てのひら》が汗ばんでくる。

やけに喉が渇く。腕が重くなった。思いきって、落ちる滝の壁に毛バリをぶつけた。水の勢いにもまれて、毛バリは水面から没し、ポコッと滝壺の奥の隅っこに浮き上がった。

いきなりガバッと白い輝きが、水面に盛り上がった。

来た！　グイグイと、底にもっていく。大物だ。雪のような真っ白なきらめきが、滝壺を左右に走る。ジ、ジーとリールが逆回転して悲鳴をあげる。思わずこらえると、グイとサオが曲がり、ゴクッという重苦しい衝撃にすっとイトが軽くなった。イトが切れていた。岩の角に当たり、すり切れたのだろうか。岩の陰にぼくはへたりこんでしまった。風もないのにザワザワと森が騒ぎはじめた。渓全体がユラユラと揺れはじめる。ゴォーと地響きのような音が耳をつんざく。

ガタガタと震えが止まらなかった。

岩陰に、いつまでもぼくはうずくまっていた。

山学校

「山学校」という言葉を聞いたことがあるだろうか。おそらく、大半の方にはほとんど聞き慣れない言葉に違いない。そのまま受け取れば、山の中にある学校という意味くらいにしか思いつかないだろう。

いまは使うことはまれだが、ひと昔前までは山村や村里の地域で耳にすることがあった。

ぼくらの子供時代、山学校はもっぱら受け身の言葉で、浴びせられるといった感じで、餓鬼大将や腕白ぼうずの類《たぐい》にとっては耳にたこができるぐらい聞かされたという思い出が強い。

ぼくにとって山学校は決して褒め言葉でなく、大人が子供を叱りつける小言の代名詞的な役割を果たしていた。だから不良仲間にとっては警戒しなければならない三文字であった。

子供のころ、学校の帰り道に畦道《あぜみち》の水路でメダカやザリガニを捕まえたりして泥んこだらけになり、まっすぐ家に帰ることはなかった。川端の桑畑にもぐりこみ木に登って日暮れまで甘い桑の実をむさぼり食った。口唇や掌《てのひら》は紫色に染まり、川の水で洗っても容易に消えることはなく、何をしでかしてきたのか誤魔化しても親にはすぐにばれた。

川遊びの季節になると他所《よそ》さまの畑からニンジン、ダイコンを引き抜き、それにウリ、トマト、キュウリなどが加わった。それが川での昼の食事になり、たまに盗みが見つかって怒鳴られたことがあっても、一向にめげない不良仲間のチームワークは固かった。川の流れで冷やした取りたての獲物の味はみずみずしく格別であった。

道草、山遊び、川遊びはこの時代、子供らの神聖な特権であった。しかし、それにはいつも大きな障害がつきまとった。

「バカヤロー！　いつまで山学校してんだ。飯なんか食うことねぇ」

「勉強もしねぇで、どこで山学校してきたんだ。この糞ガキ！」

と、まあこんな調子で山学校の罵声《ばせい》を浴びる。こんな時、ひたすら親父の雷が通りすぎるのをじっと耐えながら待ったものだ。

現在、学校の帰り道、山や川で遊ぶ子供もいない。ヤマブドウやアケビがたわわに実る森や林もいつの間にか姿を消した。

「山学校」という言葉も、その言葉さえもしだいに人々の口から忘れ去られようとしている。

だが、ぼくの山学校は、大人になっても懲りずにいまだ続いているようだ。

今年の夏は、どうにも落ち着かない天気だ。大雨が降ったと思ったら、猛暑の日が何日も続いて川は干上がった。アユの育ちもまちまちで追いもかんばしくない。何事も中途半端で、こっちの思惑どおりにいかないのが夏の天候なのかもしれない。

例年なら夏場はアユ釣り一辺倒に操《みさお》を立てていたのだが、ここ数年それが崩れてしまった。アユを追いかけたと思ったら次週にはヤマメ、イワナの渓に入りこんでいるといったふうに節操がない。何もアユにこだわることもないといえばそれまでだが、ぼくにとって夏のアユは、長年連れ添った女房みたいなもので、アユに見切りをつけて渓流に走るなんてことはこれまで到底考えられないことであった。

年々アユの追いが悪くなり釣り人の数だけが増えることもアユ釣りから遠のく要因になってるが、追いがない野アユを相手に一日粘る根気がなくなった体力的なこともある。そんなわけで、車のトランクにはアユ釣り道具と渓流釣りの用具が混然と詰まっていて節操のない曖昧《あいまい》さをいつも乗っけている。

カンカンと照りつける八月の炎天下、車を走らせながら、迷っていた。

何のことはない。アユにしようか、ヤマメ、イワナにしようかという選択に手こずっていただけなのである。

大東町《だいとう》大原から陸前高田市《りくぜんたかた》の矢作町《やはぎ》へ降りる山際の道をしばらく進むと、二又《ふたまた》の集落にさしかかる。ここで、矢作川は生出川《おいで》と中平川《なかひら》の二つの支流を抱える。川沿いに車を走らせる。二又の家並みは暑い日差しに黙り込んだままひっそりしている。通りに出て来る人の気配もなく、キラめく矢作川の水面だけが、辛うじて息をしているようだ。

ふと、久しぶりに生出川をのぞいてみたくなった。ずいぶんとごぶさたの川である。細い川岸の道をゆっくり上る。大滝、小滝の淵を過ぎ、右、左と清らかな流れが目に飛びこんでくる。透きとおった流れに、川底の石までがまぶしく目を射る。釣り人の姿は見当たらない。

清水川《しず》の下手、三の戸《さん と》あたりで車の置けるスペースを見つけ車を寄せる。生出川は山あいを縫って流れる川で、集落は狭い流域にへばりつくように点在する。日差しは強いが、狭い谷だから日が陰る場所は多いはず。もしかするとイワナ、ヤマメはそんな日陰にこっそり隠れているかもしれない。

やはり、雨の降らない川の水位は下がっていた。サラサラとした流れに毛バリを放ってゆく。

風はまったくない。昼も近いので、気温は一番高くなる頃合いだ。ちょっと歩いただけで汗がどっと噴き出す。川岸の樹陰を見つけては黒く陰った水面めがけてゆっくりサオを振る。ヤマメもイワナも、まるっきり何の音沙汰もない。たまに白い泡立つ瀬に出くわし、しつこいほど毛バリを振ってみるが、沈黙したきりだ。しばらく歩いてゆくと、山の斜面の畑にでも通うのか、川に一本の丸太橋が掛かっている。そこを越え、両岸が枝やツルのボサをかいくぐると、上手から水音と一緒に人の声が届いてくる。川は緩《ゆる》く右にカーブしていて曲がると急に視野が開け、浅瀬の向こうに岩を抱えた淵が見える。水音と水ばしらと歓声はその淵から上がっていた。四、五人の子供らが淵に飛びこんだり潜ったりして水浴びをしている。淵は村の子供たちのプールで、夏休みの格好の遊び場になっている。ぼくが近づくと、気がついた子供らはいっせいに動きをやめた。真っ黒に日焼けした子供たちは全部で五人。男の子が三人、女の子が二人で、いずれも小学生と見てとれた。

ぼくは黙っているのは悪いと思い、ヤッと片手を上げた。

と、ひときわ背が高くガッチリした体格の男の子が、他の子供らを押しのけるように前に進み出る。

「おんちゃん、釣りならここの上流のほうがいい。ここはよ、岩の底さ隠れてしまって出てこねぇんだ」

ちょっとうつむきかげんにその男の子はボソボソと口を開いた。こましゃくれたことを言うと思ったら、その男の子は右手に魚を突くヤスと水中メガネを持っている。きっと、子供らの穴場をぼくに邪魔されたくないのだろう。早くぼくを追い返したいのだ。

背後でじっとこっちをうかがっているどの子供の顔も、ぼくに叱られるんではないかという不安気な面持ちが見える。魚がいるこの淵で、川遊びをして大人の釣り場を駄目にしていることを子供らはいつも気にかけているのではないだろうか。

「いやいいんだ、ここは皆の遊び場だ。邪魔しないから、いいんだ」

ぼくは何度かそんなふうの意味のことをしゃべった。

ようやく子供らに笑みがもどり、水音を立てはじめた。さっきの男の子が寄ってきて、魚は釣ったのかと聞くから釣れないと答えると、川岸に石で造ったイケスを見せてくれた。小さな水たまりに、カジカとイワナが二尾腹を出している。淵に潜りヤスで突いたのだという。ちょっと威張って胸を張る。春先にはイワナ、ヤマメをエサ釣りで釣ることもあるという。子供らの中で一番の年長者で小学校六年生だという男の子は、よほど釣り好きらしく、毛バリ釣りの道具と毛バリを見せてくれとせがむ。しまいにはサオを振ってくれないかというので、サオを継ぎ、振って見せた。へーと、目を丸くして見入っているので、振ってみろといったら、手を振って尻込みする。いつの間にか二人は川原に座り話しこんでいた。

「俺の祖父《じい》ちゃんは、イワナもヤマメもアユ釣りも名人だ」

子供に釣りを教えたのは、この子の祖父らしい。ふいに、男の子は立ち上がって、水から上がるよう子供らに合図した。昼飯になった。握り飯とジュース、それにつけものと、子供らはいかにも楽しそうだ。

ぼくも一緒に仲間に入れてもらってもいいかと聞くと、皆いっせいにうなずいてくれた。お礼に岸壁から滴る清水を集めて、ガスコンロでコーヒーを子供らにいれてやる。ワーと、子供らはコーヒーが湧くのを見つめている。

岩陰でウトウトしていたら、さようならという子供の声がする。ひとりひとり頭を下げて子供らが帰ってゆく。

年長の男の子が、家がすぐ近くだから寄って祖父ちゃんに会ってくれと、しきりに頼むので、会いにゆくことにした。

路地からちょっと入りこんだ山際に大きな門構えの家があり、そこに男の子は駆けこんでいった。すぐに子供とお祖父さんが玄関から顔を出した。

「孫がずいぶん世話になったそうで、ありがとがした」と深々とお祖父さんは頭を下げる。

孫と同じ真っ黒に日焼けした、ごま塩頭の丸顔が柔和にほころぶ。

「釣りだそうだが、アユはやらんのかね」

「今日は、種《たね》アユの用意もないもんで」

野アユは石についた珪藻《けいそう》などの藻を歯でこすりとって食べる。アユは藻のついた数個の石をナワバリに持つ。そのナワバリの中に違うアユが侵入すると、猛然と体当たりして追い払う習性がある。侵入者に見立てたのを種アユとかオトリアユといって、釣り人はそのアユの下腹あたりにハリをつけてナワバリにもぐりこませる。体当たりした瞬間ハリが刺さるといった仕掛けで、友釣りという。友釣りには種アユの確保が重要な鍵となる。

お祖父さんは裏手にぼくを連れていくと、湧水が流れる堰《せき》から水を引いた小さな溜め池を指した。水の底にはアユの活《い》かし缶が沈めてあり、二、三尾のうごめく黒い背を見ることができた。祖父さんは活かし缶を引き上げるとぼくに手渡した。

日が落ちる前の小一時間が勝負で、矢作川は数こそ出ないが型はよいと言う。

「アユはいらねぇ、缶は暇なとき返してくれればいい」

礼を言い、玄関口に立って広い庭から門を出る。

日差しがだいぶ短くなって、道端に日陰の黒い帯ができている。周囲の森から夕暮れを告げる日暮蟬《ひぐらし》がカナカナ、カナカナと鳴り響いてくる。涼しい風が路地を抜けて川のある下手のほうに吹き渡っていった。

ゴボッと、手に提げた活かし缶のアユが大きな水音を立てた。

ランディングネットのカワネズミ

深く切れこんだ谷川を樹木が埋めつくしていた。見上げても天井の青空は望めなかった。透明な川面に木漏れ日が降り注いでいた。青、黄や緑の色つきのガラスを砕いたような流れがあった。森から染み出すようにエゾハルゼミの鳴き声が谷間を浸していた。

まばたきする間に、六月の渓は萌葱《もえぎ》色から濃い緑色に早変わりしていた。

この日、西和賀《にしわが》の山中深く一人、本内《ほんない》川の谷底にいた。谷でひと晩眠るつもりでずいぶん奥地へ分け入っていた。妙であった。魚の食いがまるっきりないのだ。イワナがいないわけではなかった。淵に黒い影があり、足もとの流れからイワナが奔《はし》った。

日が暮れないうちに野宿のできる場所を確認しなければならなかった。夕飯のイワナもまだ釣ってなかった。上がるにつれ、谷が狭まり傾斜のある岩場があらわれた。岩と岩の間を縫う流れは、小さないくつかの淵を作っていた。いかにもイワナがいそうな雰囲気であった。慎重にサオを振った。一投目、二投目。ふいに水面が盛り上がり、なにかがピンク色の目印めがけて飛びかかった。思わずギクリとしてサオを引いた。出かかった声を、呑み込んだ。

（いまのは、いったい何なんだ）

銀色に光る小さい奇妙な生き物が、目印を狙ったのだ。一瞬だが、それはどことなくネズミに似ていた。でも、まさかネズミが水に潜るなんて聞いたことはなかった。訝《いぶか》りながら、同じ流れにサオを振った。

また出た。ちょろりと顔をのぞかせ水中に消えたかと思うと、またちょろりと顔を出し、水面を滑る目印を追いかけた。目印が何であるか確かめるような仕種《しぐさ》に今度は見てとれた。

ちょこまかとよく動く生き物だった。大きさは子供の握り拳くらいだろうか。いや、もっと小さいかもしれない。

それにしてもこの日はついていなかった。いま思えば、背筋が寒くなるような気味の悪い日でもあった。奇妙で不思議な生き物とのつきあいはこの日がはじまりであった。源流域をさまよっていた、二十数年前のことだ。

渓流に生息する奇妙な不思議な生き物の正体が、トガリネズミ科のカワネズミと知ったのは、たしかではないが谷で出くわした数年後で、アウトドアの雑誌に掲載された記事からであった。カワネズミの習性はまだ謎が多く、写真撮影も難しいといわれた。

カワネズミに興味がわいて、釣り人に聞いたり図鑑で調べたりもした。それによるとカワネズミはそれほど珍しい生き物でなく、釣り人は結構目撃しているようだ。なかには川虫をエサに流したらカワネズミが食いついて、ハリを外すのに往生したという釣り人もいた。川面に水しぶきが上がったので毛バリを放り投げたら、カワネズミを引っかけてしまったという話もあった。カワネズミが数匹、水面付近で遊んでいたのを魚がはねていると勘違いしたのだという。

カワネズミは昼、夜の区別なく活動し、毎日だいたい同じ時刻に遊泳する習性があるともいわれる。水に潜るのが得意で水生昆虫や甲殻類を捕食するという。もしかすると、イワナ、ヤマメの稚魚まで食べているのかもしれない。

頭胴長はだいたい十二センチ内外で、歯は二十八個、手足はやや偏平で、指間に蹼《みずかき》はない。目は小さく耳介はほとんど毛に埋もれており、背は灰褐色で夏毛は銀白色の美毛を生ずると、図鑑に記載されている。

しかし、カワネズミを目撃しても一瞬で、まともに観察できる機会はめったにないといってよい。それだけ俊敏で、追いかけるのは不可能に近いということだ。

渓を歩くとき、流れや岩陰に眼をやることが多くなった。カワネズミをカメラに収めたい。それはかなわぬぼくの夢となっていた。

六月になると、夏のような暑い日が続き一向に雨は降らなかった。春に蓄えていた雪解け水を、とうに森は出しつくしていた。川は渇水していた。悪サオを振いことに、ほとんどの河川で腐った水アカが川底の石を覆いつくしていた。滑って歩きにくいことといるたびにラインはぬるぬるした水アカにまみれてしまう。たまにそんな場所でイワナ、ヤマメが釣れると、魚が口に八の字の、ったらなかった。青い水アカの髭をつけて上がってくるありさまだ。

川へ出かけたくてもなんとなく二の足を踏む思いが先に立ってしまう。

久しぶりに四人が顔を合わせたのはそんな折であった。東京の編集者・湯川《ゆかわ》豊さん、釣り竿メーカー「カムパネラ」のロッドビルダー・宇田《うだ》清さんと高橋《たかはし》啓司君、それにぼくである。手始めに大迫《おおはさま》の岳《たけ》川から歩いてみたが、どうもかんばしくない。東が駄目なら西へ行こうということで、川をのぞきながらつまみ食いするみたいにサオを振っていく。だが、出るのは、ため息ばかり。

気がつくと、雫石《しずくいし》町の鶯宿《おうしゅく》川沿いを走っていた。林道に出くわすと車を停めてどうするか相談した。このあたり、四人ともあまり土地勘はなかった。誰かが行ってみようといえば反対意見は出なかった。二度ばかり林道に潜り込んで行くと、しだいに緑の森が深くなってくる。少し不安になってきた。

樹木の間から細い流れが見え隠れしてきた。どこかで昼飯にしようと話が決まった。どうせなら川岸がいいだろうと、車をヤブに突っ込んで林を抜けて川に出た。川というよりひと跨《また》ぎほどの細い沢の流れが、明るい日差しにサラサラときらめいている。流れは澄んでいた。

ミズナラの枝が緑陰を作っている下に四人は座り込んだ。啓司君の奥さま手作りの昼食が広げられた。にぎり飯と重箱に玉子焼きや肉の空揚げ、漬物などがぎっしり詰まっている。釣りの昼飯にしては豪華な献立だ。だんなの遊びに理解ある奥さまだとひとしきり啓司君をひやかしながらの昼食となった。匂うような藤の花が緑の中にひときわ鮮やかに咲いている。森をふるわせてエゾハルゼミの鳴き声が届いてくる。うまいごちそうをパクついていたそのとき、対岸の木の枝が覆い被さっている日陰の流れが、ボシャッとはじけた。ライズだ。

誰も聞き逃さなかった。いっせいに流れに目をやった。ちょっと間をおいて、またボシャッと水音が上がった。はっきりと、パーマーク（幼魚紋）のあるヤマメの背が目に飛び込んだ。それほど大きくはないが、四人は互いに目を見合わせ、ニヤリとした。こんな沢にヤマメがいる。しかも、サオが振れないほどのヤブ沢でもない。

急いで、皆は昼飯をすませサオを手にした。まず、目の前のヤマメは啓司君に任せることにする。三人は後ろに下がって腰を低くしてステージの観客となった。

啓司君は膝をついたまま、サイドから毛バリを木の下にもぐり込ませる。日陰になっている対岸ぎりぎりがポイントだ。

一投目は、日陰からズレて流れの中ほどに毛バリは落ちた。二投目はうまい具合に木の下に潜り込んだ。スーッと毛バリが水面を滑る。三人は固唾《かたず》を呑んで見守る。バシッと水面が割れて、ヤマメが乗った。水しぶきが上がって、二十一センチほどのヤマメがネットに収まった。これが、さっきライズしていたヤマメだろうか。

本日、久々の美形ヤマメに四人はランディングネットの中を覗きこんでホーッと声を発した。ヒレの大きい、腹部に朱色の帯をにじませたヤマメは、ここで自然繁殖したものに違いない。俄然、皆の顔に生気がよみがえってくる。やる気が出てきたのだ。狭い沢だから、四人は交互にサオを振りながら上がっていく。場所によっては枝が生い茂りサオが振れないこともあるが、適当に開けたポイントがあらわれてくる。

一つ、二つと毛バリをくわえる。小さいがイワナも出た。

しかし、上がるにつれますます水位は低くなった。チャラチャラした流れで、魚の居つく場所が少ないのだ。四人のサオを振る回数はしだいに減り、しばらく魚の出はなかった。

カーブのぶつかりの溜まりでようやく湯川さんのサオがしなった。二十センチほどのきれいなイワナが岸辺に横たわった。これを機に四人は引き返すことにした。

日が陰って夕立がきそうな雲行きだ。

流れの中をザブザブと音を立てながら歩いた。一つの流れを渡る時、足もとから何かがヒョイ、と飛び出した。小さな黒い塊《かたまり》が、チョロチョロと流れを渡っていく。

「カワネズミだ」

ぼくは、思わず大声を上げた。

前を行く啓司君が、とっさに流れにランディングネットを差し入れた。

「うわー、入った。何だこいつは」

啓司君、ランディングネットの底でうごめくカワネズミに目を丸くしている。ぼくの心臓は早鐘を打つように鳴っていた。

四人は慌てて、ランディングネットの中を覗きこんだ。

「これが、カワネズミ」

まじまじとカワネズミを見たのは初めてだ。

「うわー、可愛いね」

「すごいね。よくネットですくってくれたね」

掌《てのひら》に乗るほどの小さなカワネズミは、人間の声におどおどしてさらに身を縮めていた。カワネズミはまだ子供のようで、恐ろしいのかじっと動かず小刻みに震えていた。カメラのシャッターを押す指が、どうしようもなく震える。早く撮ってカワネズミを川へ帰さなければならない、日が曇ってきた。

啓司君が、ランディングネットの下に手を差し入れ、カワネズミを持ち上げてくれている。

「噛みつかねぇかな、カワネズミ」

啓司君、心配そうにつぶやいた。

数カット急いで、シャッターを押した。うまく写っているのか、あとは神頼みだ。

岸辺にカワネズミを置くと、一目散に岩の隙間に潜り込んでしまった。

大きなため息をもらした。まだ動悸が治まらない。遠くでゴゴー、ゴゴと雷鳴が響いた。

夏はもうすぐだ。

赤い帽子

第六十五回アカデミー賞で撮影賞に輝いたのが、ロバート・レッドフォード監督作品『リバー・ランズ・スルー・イット』であった。

日本での原作のタイトルは『マクリーンの川』で、著者はノーマン・マクリーン。シカゴ大学の文学教授を引退した後、八十歳にしてこの本を書き上げた。

アメリカでの興行収入は驚異的な数字で、記録的なロングランヒットを続けたという宣伝が流れていた。日本で封切りになって間もなく、ぼくはこの映画を観ることができた。

主役の兄、ノーマン役はクレイグ・シェーファー、弟に扮したのはブラッド・ピット、父親役に渋い名優トム・スケリットと、これだけで興味をそそるキャストであった。

美しいモンタナの風景とフライフィッシング。『マクリーンの川』の文中に、川の美しさとすばらしさを賛美する言葉が何度も出てくる。大自然の中で繰り広げられる親子の愛情そして葛藤は観る者の胸を打ち、涙を誘うシーンに、いつしかぼくがたどってきた少し大げさにいえば釣りと人生という軌跡と重ね合わせていた。

川を素晴らしいといえたのはずいぶん昔の話で、そんな川はどこかぼくの心の奥底にしまいこまれ、やがてそれは風化し跡形もなく消えてしまうのかもしれない。それでも川は、何事もなかったかのように歳月を呑みこみながら流れることだろう。

誰でもやがて年をとる。『リバー・ランズ・スルー・イット』の冒頭のシーンで、老人が一人しわくちゃの節くれ立った指で毛バリにイトを通す姿があった。年老いたノーマンの横顔は、静かで穏やかであった。このシーンがいつまでも脳裏に焼きついて、離れなかった。


映画を観た数か月後、ぼくは三陸の海沿いの川、盛川《さかり》にいた。

海に下るサクラマスの子をねらうヒカリ釣りは、沿岸の川が釣り場である。三月から四月いっぱいまで釣れるのだが、この年は三月でも雪のちらつく落ち着かない日が続いていた。

広い川原沿いにサオを振りながら歩いたが、ヒカリのきらめきはなかった。まだ一尾も釣れていなかった。

不意に、一陣の風が身体をすり抜けていった。

川面は一瞬光の粉をぶちまけたようにきらめき、ざわめいた。

（とうとうやって来た。嫌な奴が……）

春先の海沿いの川はいつもこうだ。

昼も近くになると、判で押したように決まって川上から川下に向かって風が吹き渡る。頬をなでる柔らかい風がしだいに強くなり、しまいにはサオも振れないほどの突風になるから厄介だ。

毛バリを替えようと、川原の石に腰を下ろす。

フライボックスの中から見やすい小ぶりで茶系色の毛バリをつまんでイトに結んだ。本格的な強風にならないうちに、なんとか一尾でもヒカリの姿を拝みたいものだ。

川虫の羽化はまだ早いせいか、ヒカリの跳ね《ライズ》はなかった。

一度だけ毛バリを追ってギラリとした光芒が走った。サオをはね上げたが、空振りであった。

電光石火の早業に「あっ」と声をもらしたきりで、それが悔しくてよけい煽《あお》られたかっこうになった。

上手へ歩いて行くと、葦《あし》の陰から毛バリ竿を片手にヒョイと釣り人があらわれた。川原にいるぼくを見つけて立ち止まったまま、釣り人は意外だといった顔つきをした。ぼくを追い越して上流に行こうかどうしようかと迷っているふうでもあった。

六十代と見受けるが、痩身で背が高く日に焼けた顔は精悍で、ブルーのベストにズボン、短いウエーダーの着こなしは決まっていて、一見して長いフライ歴を思わせた。とりわけ赤色の中折れ帽子はひときわ鮮やかで、それがとても似合っている。

近づいてきた老フライマンにぼくは先に声をかけた。

「どうぞ先に行ってください」

何度か〝いいえ〟とか〝どうぞ〟と押し問答の末、腰を下ろしたままのぼくを釣り意欲がないと見たのか、軽く会釈して上流に歩いて行った。

上手に老フライマンが消えるのを見届けてぼくは立ち上がった。

まだそれほどひどい風ではない。

川岸の桜は蕾《つぼみ》で、畑が見える低い台地には寒ツバキが紅い花をつけ、左手からは細い沢が本流に落ちている。昔このあたりは水車小屋が建っていた場所で、湿地にはクレソンの固まりが見つかる。

しばらく毛バリを振るが、一向に魚信はなく、案の定、風はだんだん強くなってくる。

毛バリが風に煽られ舞い上がる。

二度、三度と帽子が風に吹き飛ばされそうになり、ズボンのポケットにねじ込んでしまう。

ゴーッと風が鳴ると水面にさざ波が走り、毛バリを振ることもできず、しかたがなくサオをたたむ。

とそのとき、川面を滑るように流れてきたものがある。赤い帽子だ！

あのフライフィッシャーマンのものだ。ぼくはあわてて流れに乗った帽子を追いかける。

二十メートルほど下ってようやく岸辺のネコヤナギの根元に引っ掛かった帽子をつかまえる。

ぐっしょり濡れた帽子をつかんで上手に急ぐと、老フライフィッシャーが白髪を銀色になびかせながら流れの中を踊るように下ってくるのが見えた。

ぼくは拾い上げた帽子を高くかざして、大きく振り回していた。

マタギの遺言

年の暮れが迫ると、町の片隅にどこからともなく集まった人々の露店が並ぶ。もっとも、港町の朝市といった大がかりなものでなく、商店の軒下、病院や町の施設の狭い空き地を借りた、少人数のちまちましたものだ。店を出すのは近在の農家の主婦たちがほとんどで、年によって店開きの日時や時間もまちまちだ。きっと、隣近所の茶飲み友だちと誘い合って、町へ繰り出してくるのだろう。

店構えといってもせいぜいダンボールの一つか二つ程度の品揃えで、保存していた野菜、キノコに山菜、干柿、乾燥椎茸《しいたけ》、漬物、味噌もある。すべて自分の家の手作り品だ。それに駄菓子の類、正月用のしめ飾りは人気商品で、毎年心待ちにしている常連客もいるという。

品物を並べる場所は吹きさらしの地べたで、寒い日には雪の舞う中での商売となる。彼女らは毛布の角巻で身体を包み、七輪に炭や練炭で火をおこし暖をとっていた。客の入りを気にする風でもなく、ポットの湯で茶を飲んだり談笑する姿は、冬の寒さなど苦にしているようには見えなかった。

ある冬の底冷えする日。朝から風まじりの雪が降っていた。頼んでおいた本を書店から受け取り、大通りから飲食店が肩を寄せる路地を抜け、市の体育館のある方向に足を運ぶ。確信はなかったが、そろそろ露店が出張っているはずだ。例年ならクリスマスあたりから顔を見せ始めるのだが。

予想が当たった。体育館の庇《ひさし》の下、出入り口の階段付近に雪を避けるように数人の固まりが店を開いていた。広げた品物にときおり横なぐりの雪が降りかかる。ちらほらと客があり、なじみなのか値段を値切るやりとりに賑《にぎ》やかな笑い声が上がった。何かめぼしい物でもないかと顔を寄せると、おかみさんらの一団からちょっと離れた場所に、ぽつんと一人店を構えているのが目に留まった。珍しいことに男性であった。距離を置いているのは、女性陣と席を同じくするのが気恥ずかしいせいだろうか。男は手拭いでほっかぶりをし、黒っぽい褞袍《どてら》を羽織って腕組みし、どっかと腰を下したまま身じろぎひとつしない。

こんな寒い場所で、眠っているのだろうか。顔を伏せているので表情は分からないが、丸めた背格好とちらとのぞく頬の皺は年寄りを思わせた。

男の前には雪の上を歩くための履き物、輪カンジキが無造作に置かれてあった。五組ほどある輪カンジキの中からひとつを手にとってみた。ふわっとした軽さと華奢《きゃしゃ》な作りに、おやと思った。何の木かわからないが、曲げた輪の材質がいやに白っぽくてほっそりしている。重くてごついのが使いやすいカンジキと認めていたぼくにとって、目の前にあるシンプルな輪カンジキは意外であった。こんなもので雪の中を歩いていつまで保《も》つだろうか。

輪カンジキを手に持ったまま、買おうか買うまいかと迷っていた。雪ダルマになった男はぼくに気づいていないのか、まったく商売気がないようだ。

「あの、これ売るんでしょう。いくらですか」

やおら男は顔を上げて、ギョロリと目を剝《む》いた。眠っていたのではなかった。男は懐手をほどくと指を三本立てて、ぬーっとぼくの目の前に突き出した。皺くちゃのひび割れた、太く黒い指であった。まさか三百円ではないだろう。三千円ですかと聞くと、当然だと言わんばかりに男はうなずいた。

「ウーン、少し高いな」

思わず言葉がこぼれてしまった。しかし男は黙りこくっていて、取りつく島もない。いきがかり上しかたがなく三千円を払い、立ち去ろうとすると、男は懐からジャラジャラと小銭を取り出し、百円玉二つをぼくの掌《てのひら》に乗せた。二百円がおまけというわけだ。

「おやじさん、どこから来たんです」

「瑞山《みずやま》……」

一言、ぼそっとつぶやき、腕を組んでまた目を閉じてしまった。

思い切って、栗駒《くりこま》の谷を目指したのは四月中旬であった。雪と氷の風景をカメラに収めるのも悪くなかったし、それにひとつ試したいことがあった。暮れに露店で買った輪カンジキをはいてみたかったのだ。

厳美《げんび》の奥、瑞山から南へ林道を走ると、磐井《いわい》川の支流で最も長い流程を誇る産女《うぶすめ》川に出くわす。車でいけるのは林道の入り口付近までで、上流への道はまだ雪に埋もれていた。体力が続かないようであったらすぐに引き返すつもりであった。何よりこの時季、雪崩《なだれ》が怖い。どんな小さな雪崩でも谷底に転がされたら、それで命取りになる。

輪カンジキを足につける。雪の上を歩いてみる。とにかく軽い。サクサクと雪をかむ音が心地よい。知らず知らず上手へ歩き出していた。緩やかな雪の斜面から谷底へ降りる。岩は雪をかぶり、岩の間をしたたる流れが氷柱になって日の光にきらめいている。まだ水温は低く川虫の羽化もないようだ。渓は冬の眠りからまださめていなかった。

一向に魚の出る気配はない。ときどきサオを引いてカメラのファインダーを覗く。それでも気まぐれなイワナでもいるのではないかとサオを振っていく。小さな落ち込みの淵に毛バリを沈めた。ちょっと引き上げたら、スーッとラインが流れた。腕をはね上げると、グイとサオがしなった。ククッ、ククッというアタリで、スルリとイワナが水面に顔を出した。まだ真っ黒な顔つきで、ガリガリに痩せ細っていた。

上手のトロ瀬で二十センチほどのヤマメが水しぶきを上げた。イワナより活発にエサを漁《あさ》るヤマメは、冬の間黒ずんでいた魚体もすっかり衣替えし、あでやかに美しくきらめいていた。その後はぱったりと魚の引きは遠のいてしまった。ぼくは早めに切り上げ引き返すことにした。

軽々とした歩きで、輪カンジキのはき心地は上々であった。少しぐらい乱暴に動いても足からずれることもなかった。この輪カンジキ、とんだ値打ち物であった。

瑞山のバス停の傍らにある駄菓子屋に立ち寄って、このあたりでカンジキを作るじいさんを知らないかと尋ねてみた。若いおかみさんが、七ツ森《なな つ もり》の小岩のじいさんかねぇと、奥にいる家人に向かって同意を求めた。あー、そうだ間違いねぇという答えが奥から返ってきた。おかみさんは七ツ森の小岩《こいわ》忠司さんの家の場所を詳しく教えてくれた。三軒並んだ家の一番奥で、大きな杉林に囲まれた平屋の家だからすぐわかるといった。

家は、簡単に見つかった。この家に間違いないと判断したのは、あの見覚えのある輪カンジキが表札代わりに納屋の軒下にぶら下がっていたからだ。

二度、三度声をかけたら、玄関の奥から人影があらわれ、露店で見かけたじいさんがのっそりぼくの前に立った。師走の町で輪カンジキを買った者ですけど覚えていますかと言ったら、すぐに「あーあ」と声を出した。ぼくのことがわかったらしい。

今日、輪カンジキをはき、すばらしいはき心地に驚きお礼を言いたくて立ち寄ったのだと話した。じいさんはなんだそんなことかという顔つきをしたが、まあ上がれやと奥を顎《あご》でしゃくった。

二十畳もありそうな広い居間に通された。じいさんの連れ合いだろうか少し腰の曲がったお婆さんがお茶を運んできた。挨拶をすると、額が畳につかんばかりにお婆さんは腰を折った。相変らずじいさんは黙りこくっていた。

ぼくは知りたかった輪カンジキのことを切り出した。何の木で作るのかと尋ねたら「コガンの蔓《つる》」と言った。コガンとはサルナシの木のことだと、じいさんは面倒くさそうに答えた。

じいさんは少しずつ口数が多くなってきた。最初はとっつきにくいが、意外と話し好きらしいことが分かった。サルナシの木を炭焼き窯の火で軽くあぶり皮をむいて、手早くだ円形に形を整えておくのだと、細かい説明をしてくれた。爪はイタヤの木を使い、ブドウやアケビの蔓は結ぶ紐にする。

オレの作った輪カンジキは一日中熊を追って山や谷を上り下りしても決してほどけることはないと、初めてニヤリとじいさんは笑った。オレは昔、須川《すかわ》のマタギで、一日四頭の熊を仕留めたのが最高だと、ちょっと自慢そうに鼻をうごめかした。いまでは鉄砲はやめたという。いつまでも殺生しているのを家人からとがめられたからだという。今はもっぱらこれだといって、釣りザオを振るまねをした。

さっきから居間においてあるヤマドリの剥製《はくせい》が気になっていた。五つほどあるヤマドリの首の部分の、毛がほとんど抜け落ちて、そこだけむき出しになっていた。どれも一様に首筋の毛がないのだ。

聞くとじいさんはハハと声を上げて笑った。ヤマドリの首まわりの毛は毛バリ釣りに使うのだという。そこが一番食いがいいからついついヤマドリの毛を抜いてしまい、あんなみっともない姿にしてしまったのだと苦笑いしていた。

小岩のじいさんがイワナ釣りの名人だと知ったのは、後のことであった。それから何度か小岩のじいさんの家へお邪魔をした。マタギ時代の話が面白く、夜が更けるのも忘れた。

釣りの後を追うとじいさんはあまりいい顔をしなかったが、こっちが釣れない日は上機嫌であった。毛バリは水面を流すのでなく、水面に落としていくのだというのが口癖であった。魚は見て釣るのでなく、気配で釣れともいった。一か所で執拗に粘ってサオを振っていると露骨にイヤな顔をした。出る魚だけ拾っていけばいい、出なければ放っておけと叱られた。

じいさんはサオを振りながら渓を走るように釣り上がっていく。とても追いつける速さではなかった。毛バリは一年中ヤマドリの首まわりの毛だけを使った。太い海釣りのハリにむしったヤマドリの毛を数本添え、イトで巻くだけの毛バリ。それでいつもぼくより多くイワナを釣った。一日二十尾を限度にその数がビクに収まると、すぐにサオを引いた。

小岩のじいさんが亡くなったのは三年前の春であった。釣りから帰った夕方家で倒れ、救急車で町の病院にかつぎこまれたという。脳溢血《のういっけつ》であった。一週間後に息を引きとった。最後に残っていた、須川マタギであった。

タキタロウの川

「山釣り」という言葉があるが、辞書を引いても載っていないので、釣りの世界だけの用語なのであろう。

山釣りといえば、季節はやはり夏だ。森はしたたるような緑で、蟬しぐれの渓を釣り上がって行く。きらめく流れを蹴散らしながら、さらに谷川の奥をめざす。そこには、蛇をも食らうというイワナが生息している。狡猾《こうかつ》で獰猛《どうもう》な性格と、反面、小心でとぼけた点もあって、どこか捕らえどころのない人間臭さがにおうのがイワナだ。

イワナこそ、山釣りにふさわしい。とぼくは思っている。

三十数年前、奥羽山地の西和賀川《にしわが》へ初めて旅に出て手にしたのがイワナであった。それから山釣りの虜《とりこ》になった。

西和賀の渓、特に和賀川《わが》の上流から源流域にかけては、底が深くえぐれた滝壺《たきつぼ》や行手をさえぎる大淵が随所にあって、釣り人の侵入を拒んでいた。当時はうじゃうじゃというくらい魚影は多かった。

川沿いにマタギが利用する杣道《そまみち》しかなかった時代と、林道が縦横に走るいまとは渓の風景も魚影も、当然比較にはならない。どうしてもあのころはよかったという昔の夢物語になってしまう。それでもこのごろたまに地方新聞の片隅や釣り雑誌に、四十センチ、五十センチクラスのイワナが釣れた話が載ることがある。西和賀の川と釣れた場所を曖昧《あいまい》にしてはいるが、たいがい和賀川の上流域の淵や堰堤《えんてい》下、それに深い滝壺であることがほとんどだ。週に一度、毎週同じ淵に通いつめて一日中そこを動かないでサオを出している釣り人がいるくらいだ。

昔は地元の山菜採り、マタギ、釣り人らによって和賀川流域の淵にはそれぞれ名がつけられていた。釜淵《かまぶち》、よどみの淵、二段淵、底なし淵、通らずの淵、それになぜかわからないが人の名がつけられた淵もあった。

暗くよどんだ水の色、流れは深くゆったり回り、いかにも大ものが潜んでいるような神秘的でそら恐ろしいような気配が淵には漂っていた。実際、とてつもない化け物みたいなイワナが淵には生息していた。魚とのやりとりで三間半の釣りザオの根もとがポキリと折れてしまった、二号のミチイトが一瞬のうちに切れてしまった、などという話は嘘ではない。

「あいづはイワナでねぇ、何か違う生物だ」

「あの淵にはよ、行ってはなんねぇ。タタリがあるかもしんねぇ。やめたほうがいいべ」

村の古い釣り人から、真剣な顔つきで釘をさされたこともあった。そんな時期、和賀川の源流をさまよっていたある日、熊撃ちのマタギに出くわして、そっと耳打ちされたことがあった。秋田から岩手にかけて数人で熊を追った帰り、和賀川沿いの峰から渓への降り口で、崖の上から下の淵をのぞいたら、水面に何か黒いものが浮いていた。倒木かと思ったら、ユラユラと揺れている。そいつはイワナだと気がついた。それも三尺もあろうかという、巨大なイワナだ。

マタギの仲間が、ふざけてイワナめがけて鉄砲をぶっ放そうとしたが、一人がそれを止めたという。獣でもない、川の生き物である淵の主を殺すのは、なんとなく熊撃ちの仁義に反する気がしたからだという。あまりにもデカ過ぎてマタギの連中も気味が悪かったのかもしれない。三尺といえば一メートル弱ということになるが、ある程度割り引いて聞いても相当の大きさだ。

ぼくは興奮を抑えきれずに、マタギに淵のある場所を詳しく聞き出した。大イワナが潜む淵通いが続いた。春から秋までほかの場所にふりむきもしないで、一心に大イワナねらいに的をしぼった。しかし、何日サオを出しても大イワナの姿を見ることはなかった。大イワナ以外のイワナも一匹も釣れず、淵は息をひそめて静まり返っていた。

こっそり仲間に隠れて淵に通っていたのだが、ある日とうとうバレてしまった。山釣りの好きな仲間が、勇んで淵の主を釣りあげようと加わった。手を替え品を替え仲間は大イワナに挑戦した。それが数年続いた。

だが、徒労に終わった。誰も大イワナの影さえ見ることはなかった。それでも、なぜかこの大イワナの話を誰もが眉唾《まゆつば》だと思っていなかった。大イワナはあの淵に棲《す》みついていると、信じて疑わなかったのだ。いつしか仲間うちで、淵の大イワナをタキタロウと呼ぶようになった。山形県朝日《あさひ》村、以東《いとう》岳の北西に位置する自然湖、大鳥池《おおとり》に棲むという幻の魚タキタロウにちなんでつけた呼び名であった。いつだったかテレビや雑誌などで大鳥池のタキタロウの正体を探索しようという企画があって、結末はどうなるだろうとワクワクしながら見守っていたのだが、結局のところ巨大イワナではないかという、はっきりしないまま謎の魚に終わっていた。それから面白おかしくタキタロウの報道が、マスコミを賑わすことがあった。タキタロウを捕えようと何度か試みたようだが、せいぜい四十センチクラスのイワナが目撃されただけだという。タキタロウは幻の魚。それだけで充分であった。タキタロウは釣り人の夢の魚だ。

和賀川のタキタロウもまだ捕まっていない。もっとも、森が壊され川の水量は減って、淵のほとんどが消滅してしまった。タキタロウはいったいどこへいってしまったのだろう。

二年前の九月の終わり、山形県村山《むらやま》市に住むフライフィッシングのクラブ「リリカルアングラーズ」の松田《まつだ》洋一さんから電話が入った。タキタロウの里、朝日村大鳥で渓流釣り人のフォーラム「サンクチュアリ大鳥」を開校するので、サオを持って遊びに来ませんかというお誘いであった。松田さんは山形のフライフィッシャーとして仲間と一緒に素晴らしい釣り場を残そうと、一生懸命になっている。

タキタロウ館のある大鳥で、朝日村、タキタロウ組合、赤川漁業協同組合、釣り具店の「フィッシャーマンズハウス・クリーク」や釣り人らが集まり、東大鳥川の自然と渓流魚を守るのには、どうしたらいいのか、みんなで話し合ってみようという企画が「サンクチュアリ大鳥」であった。

岩手のフライ仲間数人に声を掛け、山形の朝日村を目指した。タキタロウの棲む大鳥池から流れ出す水は大鳥川、東大鳥川となり、やがて赤川に合流し、酒田市南部で日本海に注ぐ。タキタロウの川でフライロッドが振れることが楽しみらしく、仲間ははしゃいでいた。ぼくも何となく心が弾んでいた。

フォーラムは午後二時ごろから始まった。

活発な意見の交換で会場は盛り上がった。しかし、今の大鳥川は魚影が薄くめっきり魚が減ったという意見が多く、ぼくは少し面食《めんく》らった。昔はどこでも三十センチクラスのイワナやヤマメが無造作に釣れたものだという。その原因は乱獲に尽きると言い切るフライフィッシャーもいた。子供が釣りをして、お父さんなぜ魚が釣れないのと質問されて返事に困ったという釣り人もいた。林道や堰堤《えんてい》の工事などで渓相《けいそう》が少しずつ変貌していくのが心配だという意見もあった。

釣った魚は放すという、キャッチ・アンド・リリース区間の設定や尾数制限のことも話題に出た。魚の放流数が少ないこともあり、入漁料を払わない密漁者がほとんどで、漁業組合の対応に批判もあった。川は大人だけの遊び場でなく、子供が喜んで遊べる川づくりが大事という声に、ぼくは大きくうなずいていた。

地元の人たちがどんな希望を持ってどんな川にしたいのか、釣り人との話し合いが必要で、釣り人が先行して勝手にことを運ぶのは危険かもしれない。キャッチ・アンド・リリース区間の設定で、すべてが解決されるものでもない。

夜になっても熱っぽい議論は続いて、タキタロウの村里でのフォーラムは有意義なものになった。

次の日の朝早く、大鳥川の数か所に皆で手分けしてイワナやヤマメを放流した。数日前の雨で、川は普段より増水しているという。いまにも降りそうな空模様だ。川を眺めながら、林道を上流へ走る。瀬あり淵ありと、岩の横たわる渓相《けいそう》は素晴らしく、流れは澄み切っている。自然環境だけなら東北では上位にランクされる魅力的な川だ。この流れに魚が少ないというのが信じられない気がした。

「いい川だね。いそうだな魚が」

ため息まじりに仲間は口々につぶやいている。本当にそうだ、岩手でもこれだけの雰囲気を持っている川はそう多くはない。

とにかく、サオを振ってみなければわからない。ちょっと広い路肩に車を寄せて、川岸に降り立った。いきなり目の前に長々とトロ瀬が横たわっている。ここにいないわけがないと皆は色めき立つ。この川の広さなら三、四人並んで釣り上がっても邪魔にならないだろう。

水の色がいい。両岸に分かれて、仲間三人は釣り上がって行く。しばらくサオを振るが、魚の出はない。たまに皆の様子を見るが誰もが首を横にふった。ここならと思う場所からも何の答えもなかった。

深い淵にぶつかった。前方の高い位置に大きな岩が二つ、流れに顔を出している。その岩を通って水が流れ、ゆったりした淵をつくっていた。大きな底石が透きとおった流れの中に見える。ここならなんとかなる。口にこそ出さないが、皆の期待は同じはずだ。

気を入れて毛バリを放り投げる。二度、三度、どうしたことか、魚の影はない。川面は何の変化もなく、冷たく白けている。

出た！ 声が左岸で上がった。テレビ局勤務の千葉《ちば》伸二さんのサオがしなっている。イワナがキラリと光った。親指と人差し指を広げて、小さいという素振りをした。それでも魚が出たことで皆の顔がほころんだ。

岸辺の岩で囲まれた細い流れで、イワナがスーと毛バリを追いかけてくわえた。ようやく十八センチほどのイワナが掌《てのひら》に乗った。きれいな魚体だ。出たぞと、皆に合図を送った。しばらく上るが、魚の反応はなかった。仲間も一つ、二つといった程度で、小さなイワナばかりだ。

絹糸のような雨が降ってきた。たちまち四方の緑色の森が、溶かした薄墨を塗りたくったように灰色に変わっていく。小さな淵が二つ、段々に並んでいる。一つの淵を越えようと岩に足を置いたその時、淵尻からスーッと黒い影が動いた。あっと声を上げ棒立ちになった。でかいイワナだ。底石にもぐりこんでしまった。

タキタロウはやはりいるのだ。

雨足が強くなった。見上げると、もう森の形さえわからなくなっていた。

根曲がり竹

雨が降らない。空梅雨《からつゆ》だ。たまの雨も、おしめり程度で、干上がった川にはたいして役に立ちそうにない。あんなにどっさり奥羽の山に雪が積もったというのに、森がたくわえた水はもう涸れてしまったのだろうか。

雪が深いとその年は山菜が豊富というのが山村でよく耳にすることだが、どうもそうでもないらしい。ここ数年、山菜もキノコも昔ほど採れなくなったと山菜採りのベテランが嘆いていた。理由はいろいろあるらしい。山菜採りブームで猫も杓子《しゃくし》も山に分け入って手当たりしだいに山菜を根こそぎ持っていってしまう。来年のために種は残しておくのが山への礼儀だと、プロの山菜採りは愚痴《ぐち》をこぼしていた。四季折々に山の恵みをいただき、それを暮らしの糧にしてきた山里の人々にとって、近頃の過熱ともとれる山菜ブームは眉をひそめたくなることなのかもしれない。

ぼくの住む一関《いちのせき》から西へ小一時間も車で走ると、奥羽の峰々が連なる栗駒《くりこま》山麓にもぐりこんでいく。岩手県側にあって最大の長さを誇っているのは栗駒岳の南東斜面から流れ出す産女《うぶすめ》川である。数本の支流を抱えるが、この流域で奥山の伐採が始まったのは十数年も前で、木を伐るのと同時に林道や堰堤《えんてい》の工事も施工された。泥の流出が収まり工事が一段落したのは数年前で、ちらほら流れに魚が戻ってきたという嬉しい話も伝わってきた。そんなおりのことであった。

栗駒山系の一部の川と山には今後、一切立ち入ることを禁ずるという、わけのわからない条例まがいが発令されたのだ。川沿いの数本の枝道は柵で遮断され、立て札が立てられた。立て札には、この地は森林生態系保護地域なので自然環境保全のため立ち入ることはならないという、そんな理由が記されていた。ようするにその区域では、森を守るため釣りをするのも山菜を採ることもできないということだ。

寝耳に水とはこのことだ。なぜこの時季に意地悪でもするかのようにこんなものを持ち出したのだろうと、不思議でもあった。森林生態系保護地域は栗駒国定公園に含まれているからという話もあるが、それはおかしい。それでは栗駒岳への登山はどうするのか、登山にはなんの規制もないではないか。川だってそうだ。一つの川の上流は駄目で、中流から下流域は釣りをしてもいいとは、どういうことだ。

ここ数年、各地で森林生態系保護地域のことで問題が提起されているが、一向に埒《らち》があかないようだ。山菜採りの人が、巡視員に保護地域に侵入したのを見とがめられ、山菜を没収されそうになり口論になったことや、朝早く川に入った釣り人を巡視員が待っていて注意したことに腹を立て、喧嘩になったことなど、小さなトラブルは絶えないという。

今年の春、事件が起きた。須川《すかわ》の麓《ふもと》で農業と林業を営んでいる友人の佐藤さんが、興奮して電話をかけてきた。一つ石沢の入り口に立てていた入山禁止の看板を引き抜いて投げすてた者が、その現場で運悪く巡視員に見つかり、つかみかからんばかりの大喧嘩になった。とうとう警察ざたにまで発展したという。

ヒヒ、ヒヒヒと彼は面白そうに電話の向こうで笑っていた。立て札を引き抜いた犯人は一人でないようだ。彼は犯人が誰か分かっているそぶりだ。

「それで、あとはどうなったんです」

ぼくは心配で尋ねると、なあに注意されてそれで終わりだと言った。

「川さ入ってはだめだ、山さ入ってはだめだといってもよ。なんでそいづが罪になんのがよ。そんな馬鹿なごとねえべ」

ぼくはなんとなく晴れ晴れとした気分になり、ヒヒヒと彼の真似をして笑った。

少しばかり、雨が降った。

真っ青な空に誘われて、川へ出掛けた。産女川への林道の入り口にある民宿「よろず屋」で入漁券を買った。宿屋のだんなに川の状況を尋ねると、春先にエサ釣りで大型が出たが、このごろ小さくなってパッとしないという。

サラサラと岩を滑る流れを足で蹴散らしながら上がっていく。爽快そのものだ。落ち込みの白泡の中に毛バリがスーッと消えたら、ゴクゴクとサオがおじぎした。あわててラインを引くと一気に下に走った。下手の小さな淵に落ちて水しぶきを上げた。小太りのヤマメがきらめいている。腹部に虹を帯びたように赤い線がなまめかしい。おそらく放流ヤマメの落とし子だろう。これじゃ今日は大釣りかとほくそ笑んだのもつかの間、それきりピタッと出ない。

いいかげん上流を探ったが魚影がないので引き返した。こんなもんだと自分で納得させ、今晩のおかずに山菜のミズでも探そうと中流域から枝沢にもぐりこんだ。デイパックを背負い首にカメラをぶら下げた。沢沿いの花でも蝶でも撮れたらと思ったのだ。沢はヤブで、サオは振れそうもない。うっそうとした沢筋は薄暗く、日が届かない箇所もあってひんやりとしている。

谷は少しずつ傾斜し、上りの岩片や小石だらけの歩きにくい場所になった。チョロチョロした流れに、なにかチラっと動いて石の裏に隠れた。顔を近づけ、そっと石をはがすとカジカがいた。小さな水たまりにサンショウウオも見つかった。ミズを摘みながら沢を上っていく。ワサビもあったが伸びすぎて葉は食えない。大きな根を選んで二つ三つ刺し身用に調達した。これで充分と引きあげようとした時、前方のクマザサの陰から薄い煙が立ち昇っているのが見えた。

妙だな、とクマザサをかき分けて行くと、急にポッカリと穴が開いたように視野が明るくなった。ボサが切れてそこだけ少し広くなった窪地に、二人の男が座っていた。ドキリと胸が鳴った。二人はなんだという怖い顔をしてぼくをジロッと見上げた。胸の動悸がなかなか止まらない。こんなところで人に会うなんて。それに山の中で火を燃やすのは危険きわまりない。このあたり、もしかすると森林生態系保護地域内ではないかという不安が、チラと頭をよぎった。

男たちのそばには、はち切れんばかりにふくれ上がったリュックが置いてあり、閉まらないフタの下に根曲がり竹がのぞいていた。根曲がり竹採りにこの山に入ったのだろうが、しかし林道に車はなかった。ぶすっとしたまま二人は口を開かない。

「あの……。筍《たけのこ》採りですか」

沈黙に耐え切れずにぼくは口火を切った。産女川《うぶすめ》で釣りをし、ミズを採りこの沢に入りそこであなたたちを見かけたということを、ぼくは勝手にしゃべっていた。なにかそうでも言わないと不安でしかたがなかったのだ。

「なんだ釣りっこか。カメラなんぞぶら下げでるがらよ。てっきりよ、お役人さまがと思ったがや」

急に二人は緊張がとけたかのように、頬をゆるませニヤリとした。

「座ったらいいべ、メシもあるぞ」

一人の男が腰をにじらせて場所をあけてくれる。どうしたことだ、この変わりようは。どうも合点がいかない。だけど悪い人たちではないらしい。握り飯は持っていると言って二人のそばに腰を下ろした。どこからこの山に入ったのかを聞くと、二人は返事をしない。あまりしつこく追及するのも失礼かと、ぼくは黙ったままデイパックから握り飯を取り出した。一人が焚火の灰をかきまぜてなにかとり出している。うっすらと黒く、こげている根曲がり竹。根曲がり竹のいい香りが鼻をついた。筍を竹の箸でつまんでホラとぼくの掌《てのひら》に乗っけてくれた。

アツ、アツ、アツと掌で筍を躍らせながら、フーフーいって皮をむいていく。皿代わりのクマザサの上に味噌を乗せ、筍につけて食う。うまい。絶品だ。清らかな甘さがジワーッと口中に広がる。

「うめぇうめぇ」と思わず言葉が出る。

「なんぼでも食え、いっぺえあるぞ」

なぜか二人はぼくの機嫌をとっているように思えてならない。

でも、そんなことはどうでもいい。
ぼくは次々と根曲がり竹を口にほおばっていた。

兄川

頭に黒烏帽子《くろえぼし》をかぶり、白袴の装束できりりと背筋を伸ばし厳《おごそ》かに先頭を歩いて行くのは神主さんだろうか。数歩さがってあとに鉦《かね》持ち一人と太鼓を担いだ大人が二人続き、化粧をし色とりどりの着物でおめかしをした子供たちが、行儀よく列を作っていた。子供らをはさみこむように、両側を親御さんらしい数人の男女がついていく。ときどき太鼓がドーンと響きジャーンと鉦が鳴った。何か祭の行列らしいが、総勢十四、五名のこじんまりした集団は、夏の炎天下をゆっくりとした足取りで、村の一本道を歩いて行く。途中、道沿いの民家から村人が出て、道端で行列を待っている姿があった。そのたびに行列は止まり賑《にぎ》やかな笑い声が起こった。子供たちにはジュースや飲み物が手渡され、御祝儀袋を渡す者もいる。大人たちには酒がふるまわれた。

少し離れてぼくは、行列のあとをついて行く。村人でもないよそ者がウエーダーをはきベストを着てサオを片手にぶらぶら歩いているのだから、どうにも気恥ずかしかった。胡散《うさん》臭い男だと白い目で見られているのではと思うと気が気でない。

一刻も早くこの場を逃れたいのだが、道から川への降り口がわからなかった。そのうち祭の行列を出迎えていた村人の一人がぼくを見つけて、しきりに酒を勧める。酒が苦手なので、こんなとき一番閉口してしまう。だからといって無下に断るのもつらい。困っていると、ちょっと腰の曲がったお婆さんが見かねて助け船を出してくれた。そんなに無理強いするもんでねぇとほろ酔い機嫌の男をたしなめ、ほら、これならいいべとばかりに重箱の中から蒟蒻《こんにゃく》や芋、人参などの煮しめと握り飯を取り出し、左の掌《てのひら》にてんこ盛りに乗せた。

右手にサオを持っているので行儀が悪いけれど、左手にあるごちそうに口を寄せてはむしゃむしゃ食いながら歩いていく。

何となく列から離れづらくなっていた。一人だけ異様な風体《ふうてい》のぼくだが、沿道にちらほら立つ村人はそれほど気にかけてるようでもなかった。祭の雰囲気がよそ者を受け入れる鷹揚《おうよう》な気分に村人をさせるのだろうか。

しばらくすると祭の行列は赤い鳥居をくぐり、神社の境内に吸いこまれていった。杉の巨木が茂る境内は、ひっそりと静かで涼しい緑陰を作っていた。

神社を包む森から蟬の声がわき上がっていた。境内の片隅に岩場があり、岩の割れ目から清水がこんこんと湧いていた。道の脇に細い水路が走っていて、のぞくとイワナが二つ三つ清らかな流れに揺れていた。

ドドーンと太鼓が神社の森に響き渡り、ジャジャーンと鉦も鳴った。
その日は夏の暑い昼下がりであった。米代《よねしろ》川の支流、兄《あに》川に初めて足を運んだのはいつだったろう。はっきりとは覚えていないが、もう二十年近くはたっているはずだ。魚が出たのか出なかったのかもおぼつかないが、あの村祭りのひとこまだけが不思議に記憶の底に貼り付いていた。

それから一時期、足しげく通ったのは村里ののどかな情景とカジカの棲《す》む清流に惹《ひ》かれたせいであった。それと兄川という川の名も奇妙で、もしやどこかに弟川があるのではないかと真面目に地図を広げて探したことがあった。

秋田県境と平行するように兄川は流れ、下兄川、中兄川、上兄川の集落がまるで兄弟のように点在し、上流域、袰部《ほろべ》の村落を越すと八幡平《はちまんたい》国立公園圏で兄川の水源となっている。

兄川は紛れもなく岩手県の川だが、米代《よねしろ》川と合流し、岩手県内の水系で唯一日本海に注いでいる。魚影は濃かった。

それが、数年後にはがらりと様相が変わった。河川工事が始まったのだ。砂ぼこりを上げながらトラックが村道を走り抜け、静かな山里は騒々しさに巻きこまれていった。川岸にコンクリートの護岸が組まれ、砂防堰堤《えんてい》工事で川の流れは濁る日が多くなった。兄川に来るたびに、やり場のない苛立ちがつのり、諦《あきら》めの気持ちが少しずつ胸の底に沈殿していった。気がついたら、すっかり兄川から遠ざかっていた。

数年前から兄川の噂がぽつぽつと耳に届くようになった。が、悪い話ではなかった。

「いいヤマメがね、入れ食いなんだよ」

「雨が降るようなライズにもうパニックで、夢を見ている思いでした」

そんないい話があってたまるか、嘘に決まっている。なにせ釣り人は無類のほら吹きなのだから。と、胸騒ぎともやもやした嫉妬心をなだめながら、昔歩いた兄川を思い出すことがあった。

そんなおりの八月の末、東京に住むフライフィッシャー、漫画家のきり光乗《みつのり》さんから手紙が届いた。岩手の実家に帰郷した際、釣りをした川の様子が詳しく綴《つづ》ってあった。数本の川でサオを振ったが、一番楽しかった釣り場は兄川で、良型のヤマメが十尾前後釣れたという。これはまずいと思った。きりさんはほら吹きではなく誠実な人柄であることは、何度か一緒に川を歩いて知っていた。たしかな情報だ。ぼくの頭の中を、兄川の清流がよぎった。ヤマメの白い輝きが躍った。

思い切って腰を上げたのは、きりさんの手紙はいうまでもないが、兄川への懐かしさも手伝ったためだ。

久しぶりの川というのはどうしてこんなにワクワクするのだろうか。性懲《しょうこ》りもなく期待に胸は膨らんでいた。

ＪＲの花輪線で米代川沿いを進み、兄畑《あにはた》の手前、舘市《たていち》から南に折れ、橋を渡ると前方に兄川の流れが見えた。天気が悪いせいか川面は暗く沈んだ色相だ。

中兄川の雑貨屋で遊漁券を販売していたはずだが、見覚えのある店はとうとう見つからなかった。しかたがないので帰りにでも村人に聞いて買うことにした。

上兄川の下手から川に降りることにした。以前は砂利道だった箇所が立派に舗装され、道端も広くなっている。少し広くなってる路肩に車を停めた。

低い土手から田んぼの畦道《あぜみち》をたどり川岸に立った。広い瀬が上手に延びていたが、きっちりとま新しい護岸で縁取りされている。工事の爪痕が、いたるところに見られた。やはり川の流れは黒みがかってどんよりしている。流れに踏み込むと靴底がヌルッと滑った。曇天のせいではなく、水ゴケが川底を覆っていてそのため川の水が黒く見えるのだ。少し上手に歩いてみる。川底が滑って歩きづらいが、藻は川一面にあるわけではなく速い流れのところは、石は奇麗で明るい水面が見える。

ラインを引き出し、サオを振る。川面に頭ほどの石が出ている。その石の脇で黒い影が動いた。バシッと川面が割れた。腕に心地よい魚の動きが伝わってくる。十八センチほどのヤマメが川面を滑ってきた。くっきりとしたパーマーク（幼魚紋）が輝いている。思わずフーと、ため息が漏れた。これで、何となく安心できる。同じような型が、二つ出た。これはよいリズムだと一人ほくそえんでいたら後はピタリと音沙汰がない。

少し飛ばして上流へ急ぐが、やはり昔のあの清冽な流れではなく、どことなく薄汚れた感じがする。以前はなかった低い堰堤を越える。堰堤には申し訳程度に狭い魚道が作られてあった。

砂地の小さな中州《なかす》を渡る。右手にゆっくりカーブする流れに沿って歩いていくと、川の中に誰かが屈み込んでいる。そこは、小砂利が敷きつめられた膝くらいの浅い流れだ。男は両手で握った三角網を流れに突き刺し、川底をしきりに足でまさぐっていた。足で底石をかき回しては網を引き揚げ、中を覗いている。カジカを捕っているらしい。何度か網を上げるうちカジカが入ってたのか、手ですくって腰のビクに放りこんだ。

立ち止まって見ていると、こっちに気がついたのか顔をぼくにめぐらして、おっと声を上げた。ぼくは黙って頭を下げる。地元の村人らしいが、水面から頭を上げるとザブザブと流れを渡りこっちに近づいてきた。

「いねぇ、いねぇ、さっぱりだ」

聞きもしないのに、ホレとビクの蓋《ふた》を開けた。ビクの底に十数尾のカジカが固まっていた。昔はひと網で二十や三十は造作もなく捕れたもんだと村人は愚痴《ぐち》をこぼした。雨が降り水位が上がると川底にカジカが移動する道ができるので、そこを知っていれば、一網打尽《いちもうだじん》でバケツ二、三杯は捕れたと教えてくれる。

カジカは焼いて干しておくと正月の雑煮のダシには最高で、よく山村では保存食として捕っていた。それがここ数年めっきりカジカが少なくなったという。

ずいぶんおしゃべりな村人である。

ぼくはビクの中のカジカが気になっていた。そんな少ない数なら食ってもしかたがないので、逃がしてやってほしかったからだ。しゃべるだけしゃべると村人は網を片手に川下に歩いて行った。

ときどき雲の切れ間からサーッと光の帯が川面を照らす。何とか雨は降らないだろう。ここぞと思うポイントに毛バリを放りこんでいく。二度ばかり水面がはじけたが、毛バリをくわえなかった。それでも何らかの魚の反応があるので、気分はすこぶるよい。

まだ昼にはちょっと早いが小休止だ。腰を下ろし、ビスケットをかじる。

川幅はだいぶ狭くなり流れに変化が出てきて、気のせいか水の色が下流より澄んでいるように見える。対岸に低い森が広がり林が切れたあたりから、小さな沢の流れが本流に、か細い水脈でつながっている。

足もとの石を起こして川虫を見る。小さなカゲロウの幼虫が、びっしり付いている。もうひとつの石を持ち上げた時、ツツーと川底を何かが動いた。手を水に入れるとサッと石の陰に入ってしまった。カジカだ。

ふと、ぼくは思いついた。

川原から三十センチほどの流木の枝を拾い、それにテグスをつけ、小ぶりの毛バリを結びオモリをかませる。それを、さきほどのカジカが逃げ込んだ石の陰に落としこんでみた。枝を上下して誘ったが乗ってこない。それならばと川底の石をはがし、川虫を捕まえる。毛バリのハリに川虫を刺し、もう一度試してみる。ククッとアタリがきた。ゆっくり小枝を上げると、ブルンブルンとカジカが驚いた顔つきで上がってきた。懐かしいカジカの手触りだ。そっと流れに帰してやる。まだこのあたりにカジカがいるはずと、川面に顔をくっつけて探った。二つ三つとカジカが釣れる。夢中になっていた。

気がつくと、雲は去って真っ青な空がのぞいていた。キラキラとまぶしい川の流れがあった。蟬が高く鳴き出した。もう少し上流へ歩いていってみよう。

メダカの学校

雨の多かった夏も、終わろうとしていた。宮城県仙台市内のある小学校で教師をしている友人から、一通の手紙が届いた。

菊田修一君といって、彼との付き合いは四年になるだろうか、雫石《しずくいし》川流域で声をかけられ話をしたのが縁であった。

その日は嫌になるほど魚は出なかった。いいかげん飽きて川原に座りこんでいた。下手から足音がして、一人の釣り人が近づいてくるのがわかった。少し前に、下流で長ザオを振っているエサ釣り師に気がついていた。釣り人は大きくサオを振りかぶってはぼくのあとを追うように付かず離れずの距離を保っていた。

小休止したのは、このあたりで下手の釣り人をやり過ごそうという腹もあった。どうせ釣れないならぼくがエサ釣りのあとになったほうが気が楽だと、考えたのだ。ところが釣り人は立ち止まったまま、どうしようかと迷っているふうであった。そして、背後から遠慮がちに声がかかった。

「あの～、すみません。失礼ですけど、もうやめてしまうんですか」

そういって、ぼくの前に立った彼は帽子を取ってペコリと頭を下げた。シャツにベスト、ザックまで迷彩色で包み、上気した顔には若さがみなぎっていた。

律義でまじめそうな態度に思わずぼくは伸ばした足を引っ込め、立ち上がっていた。

「そろそろ帰りますので、どうぞ構いませんから先に行ってください」

だが遠慮しているのかどうか、もじもじと何か言いたげに動こうとしない。なにか席の譲り合いみたいで引っこみがつかなくなってしまった。ぼくはこのまま引き返そうという気持ちになっていた。どこか水の少ない枝沢にでももぐりこもうと思った。

ぼそっと、彼が口を開いた。

「あのー、フライを教えてほしいんです。あとからついていって、見ているだけでもいいんです。駄目でしょうか」

フライなんかより魚を釣るならエサ釣りのほうが手っとり早いと出かかった言葉を、あわてて飲みこんだ。神妙な面持ちの彼がじっとぼくを見つめていたからだ。

以前からフライに興味があって始めてみたいといつも思うのだが、なんとなくとっつきにくく難しそうなので、つい面倒くさくなりエサ釣りに走ってしまうのだと、彼は照れ笑いを浮かべた。

しかたがないと意を決して、ぼくはしばらく彼につきあうことにした。

百の講釈より実際にサオを振ったほうが覚えが早いと、ぼくは彼にすぐ毛バリ竿を持たせた。そのあとをエサ竿を肩にぼくがついていった。一度だけ、岩の陰からイワナが飛び出した。「あー」という彼の声が上がった。

あの日から彼、菊田修一君は、すっかりフライフィッシングのとりこになったようだ。たまに自分で巻いたという見事な毛バリを送ってくる。

ワープロで打ってきた彼の手紙の文面は、フライのことではなかった。小学校の受け持ちのクラスで自由研究のテーマにメダカを飼って観察する話が出たという。ところがメダカが棲《す》むという小川や沼は学校の付近を探しても見あたらない。昔はあったという沼はほとんど埋め立てられて宅地となったり、水路があってもドブ川でどこにもメダカの棲む場所などないというのだ。そこで、岩手ならまだメダカがいる場所があるだろうから、ぜひ教えてほしいという内容の手紙であった。メダカのいるところがわかったら、捕獲するための水槽持参で出かけたいと結んであった。

何もメダカごときにそれほど騒ぐことはない。そのへんを探れば簡単に手に入るはずだと、ぼくはたかをくくっていた。

手はじめに昔トンボ取りをした付近の沼に出かけてみた。だが、その沼があった場所がなかなか見つからない。ここらあたりと思う付近の家に尋ねたら、とっくに沼は壊され数か所あった溜め池や沼はすべて団地の下敷きになっているという。沼から田んぼに水を送る水路は、干上がったりつぶれたりしていた。メダカどころではない、ドジョウも棲めない、わずかに残っている汚れた水路に、ぼくは茫然となった。

知らないうちに子供のころ遊んだ池や沼は消えてしまっていた。

こんなはずではないと、ぼくはメダカを探しに奔走した。北上川《きたかみ》が昔、流れを変えたため取り残されいくつかの沼ができた。岩手県の南の地域にそんな場所が残っている。

沼にはゲンゴロウブナ（ヘラブナ）、ギンブナ、コイ、モツゴ、ハヤ、オイカワ、タイリクバラタナゴ、エビ、メダカなどが生息し、ヘラブナ釣りには絶好の釣り場となっていた。沼にはそれぞれ名がつけられ、現在の北上川と水路がつながっている沼もあった。

あそこなら間違いないと、バケツや網を用意して出かけた。一時期ヘラブナ釣りに凝ったことがあり、沢のある場所はよく知っていた。南から平泉、前沢、水沢と大小さまざまな沼を順序に見て歩いた。

そこも何か所か埋め立てられ、忽然と沼は消えていた。中には、あれほど大きかった沼が、まるで庭の池みたいに狭くなってしまったものもあった。網でいくらすくってもメダカは入らなかった。メダカの一尾くらいなんとかなるだろうという思惑が、少しずつ崩れていった。

水沢の手前、道沿いに長く伸びている沼にさしかかると、対岸の葦の陰に釣り人が見えた。なにか情報が聞けるかもしれない。

車を道の脇に寄せて、田んぼの土手からヤブをかき分け、釣り人に近づいた。地元のヘラブナ釣り師らしい。挨拶をすると、麦わら帽子の下から真っ黒に日焼けした顔が覗いて白い歯がこぼれた。

「ヘラ、出ましたか」

「だめだな、ジャミ（小魚）も寄んねえ」

子供の夏休みが終わったから来てみたが、朝からマッシュポテトの練りエサを打っているのに、うんともすんともいわないという。

「ブラックバスも、増えだなあ。童《わらし》たちがよ、夢中で釣ってるべ。ルアーだがっていったな」

老人の皺だらけの掌《てのひら》にヘラブナのエサである乾いたマッシュポテトが白くこびりついていた。老人はため息をついてサオを上げた。ぼくは試しに水路や葦《あし》の陰に網を差し入れてみた。ここにもメダカの姿はなかった。

ぼくは友人や知人にメダカの消息を尋ねて回った。メダカならそのへんにいるはずだといった返事や、熱帯魚店に行けば買うことができるといった、あまり関心のない答えが返ってきた。オオタカやクマゲラがいたとかいないとかいう話にはなにかと騒ぐが、メダカなど取るに足らないもので、いなくなってもどうってことないのかもしれない。

メダカ探しは一か月ほどたっていた。一度、仙台の菊田さんになかなかメダカが見つからない報告をしておいた。なんとかするからもう少し待ってくれともつけ加えた。八月の下旬に、泊まりがけで秋田の東成瀬《ひがしなるせ》から湯田《ゆだ》町を通り和賀《わが》の川を数本釣り歩いた。

大荒沢《おおあらさわ》の川が大雨でずたずたになり、護岸ですっかり固められてしまった。行けども行けどもコンクリートで塗り込められた石の壁の廊下が続く。そんな場所でも健気にイワナは生きていた。毛バリを放ると果敢に飛びついてくる。なにか痛々しく、こっちが惨めな気持ちになってくる。

イワナが三尾ほど出たところでサオをたたんだ。まだたっぷり時間はあったが、変化のない、どこまで行っても同じ風景の場所で釣りをする意欲が失せていた。

沢内《さわうち》村太田《おおた》の「およね食堂」に寄り、遅い昼飯にありついた。手打ちのソバと稗《ひえ》飯のメニューはいつもの「およね食堂」だ。

錦秋《きんしゅう》湖沿いから北上の横川目《よこかわめ》に出て鈴鴨《すずかも》川を横切ると、低いなだらかな山容が連なってくる。金ケ崎《かねがさき》町から胆沢《いさわ》町への道は、広々とした穀倉地帯を突っ切って伸びている。

急ぐこともないので、途中から永沢《ながさわ》川への道をたどり、山越えで衣《ころも》川へ抜けることにする。山あいの道は狭く、曲がりくねっている。たまに新緑の雑木林のトンネルに車がもぐりこんでいくと、雨のように木漏れ日が降り注いだ。

坂道をしばらく下ると、ふいに視野が開けて集落の屋根が下方に見えてくる。

蟬の声が聞こえだした。林道沿いに小さな流れがついている。林を抜けると、田畑が広がり林の中の細い流れが水路となって集落の中を縫っていた。

田んぼの脇の細い道をたどっていく。水路で二、三人の子供たちが遊んでいた。網を持ったりビニールバケツを手に、しきりに流れの底をあさっている。水路の幅は一メートルほどだ。

子供らの横に車を停め、なにをとっているのだと聞いた。

ひょろりと背の高い男の子が、流れに網を入れたまま、フナと答えた。赤いスカートの女の子がメダカもいると顔を上げた。メダカ！　ぼくは驚いて、本当にメダカ？

と聞き返した。ぼくの声が大きかったのか、三人の子供は驚いた顔つきでこっちを見ている。

ぼくは車を降り、女の子が差し出すビニールバケツを覗きこんだ。いた、数尾のメダカ、フナにドジョウ。メダカを掌ですくってみる。三、四センチほどの愛くるしい姿のメダカに胸が高鳴った。こんなところで細々と生きていた。

子供たちが怖がらないようなるべく笑みを浮かべて、小学校の生徒がメダカを飼って観察したいということでいままで探したが、なかなか見つからなかったことを説明した。なんとか子供たちはわかってくれたとみえて、メダカはまだいっぱいいると教えてくれる。

ぼくは子供たちの仲間に入れてもらった。網を取り出し、子供と一緒に流れをすくった。両側からはさみ込むように二つの網を入れる。そのたびに網を覗きこんで歓声が上がった。フナが多かったが、一匹、二匹とメダカが混じった。そのたびに子供たちは喜んだ。

少し行くと水路が右に緩く曲がり、そこが深くなって流れがよどんでいる。上から覗くと、黒い小さな影が水面に群れている。十数尾のメダカの固まりだ。ぼくは水路の土手に座りこんだまましばらくメダカの学校を覗きこんでいた。

六月の雨男

雨が好きな人はめったにいないだろうし、釣り人はたいがい忌み嫌うものだ。雨は嫌いでもしょっちゅう雨に見舞われる人がいる。雨を呼んでいるわけではないのだが、不思議にそうなってしまう。雨に縁のない仲間をも引き込んでしまうから怖い。「雨男」といわれる所以《ゆえん》である。

雨男と呼ぶにふさわしいフライフィッシャーを、ぼくは二人知っている。あえて名前は伏せておく。二人ともぼくの親友である。でも、彼らはお互いに自分を雨男とは認めていない。彼らに言わせると、ぼくこそ雨男だとのたまう。

断っておくがぼくは決して雨男ではない。誰かが陰で雨男と言っていることは知っているが、それは偏見というもので晴れた日の釣りだって結構あるのだ。それに負け惜しみではないが、ぼくはそれほど雨を毛嫌いしていない。むしろ雨の日の釣りは楽しいことが多い。雨の日は、予期しないことが起こる。

今日は絶対雨は降らないと、二人とも確信していた。天気予報も、一時曇るが大方晴れと告げていた。

「雨男がね、二人連れ立って川を歩くとどうなると思う」

ロッドにラインを通しながら、彼は悪戯っぽい笑みを浮かべた。

「きっと、土砂降りか嵐だな」

笑えない冗談だが、二人とも今日に限ってあり得ないことだと思ってるからそんな軽口も飛び出す。抜けるような青い空。胸の底に溜まった不純物を吸い取ってくれそうな、澄みきった大気。六月の川はどこもかしこもキラキラと輝いて眩《まぶ》しいくらいだ。

「あのさ、どっちが先に魚を掛けるか賭けない。負けたほうが町のうまいコーヒー代を払うということにしてさ、どう。やらない」

彼は返事もせず、ちらとこっちを見て、ちょっと口の端をゆがめた。身じたくを終えた彼は（お先に……）とひと言、さっさと流れの中に入って行った。

あ、いけない。あの態度は軽蔑して完全に無視している。

急いであとを追う。抜け駆けされてはこっちがよけい惨めになる。

いつ見ても優しくゆったりとした彼のキャスティングに、つい引きこまれてしまう。いとも無造作にロッドを振るが、川のツボは押さえていた。

「どう？　出た」

彼は首を横に振る。ぼくは右岸で彼は左岸、取り決めたわけではないが何度か歩くうち自然にそうなった。彼はたまに左手で器用にキャスティングしていた。岸辺の枝が邪魔なときはすごく便利だと笑ったことがあった。

流れの深さは膝上ほど。砂地の底には頭ほどの石が適当に沈んでいて、並んでロッドを振れる川幅がある。川の両岸に草が生い茂り、ところどころに林が点在する。緩やかな流れで、二人が好きな村里の風景が続く。

うまい具合に風もない。草むらから甲高い声で鳴くのはヨシキリだろうか。

右側の彼を横目に、並んでロッドを振っていく。彼が一歩前に出ると、こっちも一歩足を運び、立ち止まるとこっちもそうした。場を荒さないためもあるが、並んで釣り上がっていくのがなんとも楽しいからであった。だが、このバランスが崩れることがある。片一方ばかりに魚が釣れてもう一方が梨のつぶての時は、暗黙の了解はどこかに消し飛んでしまい、自分だけが上流に行ってしまう。このときばかりは、表面上はさりげなく装うが、どちらも胸の内は面白くないものだ。

彼の腕がはね上がった。水しぶきが上がった。大きくロッドがしなる。

「きましたよ。あ、ヤマメだ、いいよこれ」

ゆっくりとネットですくう姿が目の端に入る。ぼくは気がついていないふりを装う。

「いいヤマメ、わーきれい。これこれ」

ネットに入れたまま、わざわざぼくのところまで運んでくる。

「あ、そう。ヤマメ」

なるべく冷静に、さりげなくだ(それにしても見事なヤマメだ)。紅を掃いたような魚体はよく肥えていた。彼はていねいにヤマメを流れに帰すと、ぼくの顔を覗きこみながらこうおっしゃった。

「コーヒーに、カレーライスといきましょう。ね」

ぼくは一気に真剣になる。草付きの緩やかな岸辺を重点的にねらう。ここにいないはずはない。しつこくキャストして粘った。出ない。

その時、流れの真ん中付近でバシャと水音がした。彼のロッドがしなっていた。二、三歩下手に下がり、ネットを突き出した。彼の顔はくしゃくしゃにほころんでいた。

「あ、またヤマメ、ヤマメ! いいよこれ」

同じようなサイズのヤマメだ。

「毛バリ、なに?」

「いつものヤツ、そうカディス」

気のせいか腕が重くなった。憂鬱な気分だ。こっちだってエルクヘア・カディスだ。

エルクヘアとは鹿の毛のことでカディスは川虫のトビケラだ。

小石まわりでピチャと水音がした。合わせるとククッとサオ先がしなる。来た！　なんとしても、これは、外してはならない。

「来たぞ！　来たぞ！」

大声を上げる。彼がロッドを振るのをやめて見ている。ススッと水面を滑って、すんなりイワナが足もとに寄った。なんと十七、八センチの小ものだ。

「あっ、イワナだ。かわいいね、それ」

彼が握手を求める。笑って二人は手を握り合う。

しばらく川を上がって行くが、フライを追う気配はどちらにもない。彼に内緒でそっと違うフライに替えてみた。やはり魚の出はなかった。また、カディスに結び直す。

小さな木の橋の下をくぐりしばらく行くと、低い土手が連なり森を背にした数戸の集落があらわれる。土手沿いに古い桜とクルミの木が枝を広げ、川面に影を落としていた。葦が両岸に密生した、いかにも魚が居つきそうなゆったりした瀬が延びている。よだれの出そうな場所に二人は内心色めき立った。

同時にロッドを振る。その時サーッと風が流れ、川面が陰った。ポツンと、何か顔に当たった。冷たい。パラパラときて、ザーッと降ってきた。雨だ。思わず顔を見合わせる。冗談もほどほどにしてほしい。

「今日は晴れるはずでしょう」

「そう、天気予報では言ってました」

たちまち周囲が白く煙る土砂降りとなった。二人は土手を這《は》い上がり駆け出して桜の木の下に逃げ込んだ。あいにく彼もぼくも今日は雨具の用意はなかった。

「これは通り雨ですよ。すぐ晴れます！」

「でも、空は真っ黒ですよ」

身体を寄せ合って桜の老木の下で雨宿りを決めこむ。雨は一段と激しくなり、一向にやみそうにない。集落の前の水田が激しく泡立っている。

桜の枝葉からしたたり落ちてくる雨の雫《しずく》が容赦なく頭上に降りかかった。もうびしょ濡れだ。

「あの、あそこで誰かこっちに合図してますよ。ほれアソコ」

彼がぼくの脇腹をつつく。そのほうを見ると、土手の下、二階建ての家の窓からしきりに何か言いながら手招きしている。声は聞こえないが、こっちにこいと誘っているようだ。そのうち窓辺にもう一人あらわれて二人で手招きを始めた。

「せっかくだから、行こうか。どう」

二人は走り出し、土手の細い道を降りると目指す家の玄関に飛びこんだ。入り口で寝てたネコがびっくりして雨の外にすっ飛んでいった。息を切らして突っ立っているぼくらの前に、この家のおかみさんとお婆さんらしい二人が正座して待っていた。

「どうぞ、どうぞ、さ、部屋さあがらい」

あわてて頭を下げ礼を言う。ウエーダーとベストを脱ぐとなんとなく人心地がつく。タオルまで出してくれ、居間に案内される。まだ炬燵《こたつ》が置いてあった。六月でもここは山里なので朝晩寒い日があるのだろう。

「どっがら、来たのっしゃ」

ニコニコしながらお婆さんが尋ねた。

彼がぼくをつついて耳元で囁《ささや》いた。

(さっきから、何を言っているのかわからない。通訳してくれよ)

(どこからお越しになったのかと聞いている)

「ああ、ぼくは東京からです。彼は地元の岩手です」

おかみさんがお茶をいれてくれる。丼に山盛りの漬物が出される。色鮮やかなキュウリ、ダイコン、ナスはいかにもうまそうだ。

「腹コ、減ってんだべからよ、握り飯作ってやったらいがべな」

お婆さんがおかみさんに指示をする。

また、彼がぼくをつついた。そういえばとうに昼を過ぎている。腹の虫が高く鳴った。

おかみさんが笑いながら立って行った。

雨は音を立てて降っている。通り雨にしては少し度が過ぎる降り方だ。彼が立って窓の外を眺めている。小降りになったら二人とも川へ出たいのだが、濁りと増水が心配だ。

「川さ、逃げねぇがら雨降んねぐなるまで、ちょんとして（落ち着いて）たらいいべな」

お婆さんはニコニコして彼に座れと手を上下する。彼はお婆さんの言葉がわからないのだが、うなずいたり「あーそうそう」と笑ったり、わかったような相槌を打っている。

おかみさんが味噌焼きのおにぎりをこしらえてきた。香ばしい匂いが鼻をついて、腹の虫が鳴り出す。漬物をかじりながら焼きおにぎりをほおばる。しばらく二人は話もしないで食うことに没頭した。

「雨上がったよ」

おかみさんが窓を開け放つ。爽やかな風が部屋の中へ流れ込んでくる。いつの間にか空は明るくなり、雲の切れ間から日差しがのぞいている。

二人は礼を言って玄関に立つ。帰り際、彼はお婆さんのしわくちゃな手を握りしめニコニコしている。

土手の上から川を眺める。川は増水して濁流になっていた。これでは二、三日釣りにならないだろう。

「雨男、二人か」

二人は声を上げて笑った。

弟のヤマメ

「兄貴、ヤマメが食いてえな」

弟の久幸《ひさゆき》は、子供がモノをねだるような遠慮がちな目つきで、いたずらっぽい笑みを浮かべた。病院から退院したばかりの弟は、ずいぶん痩せこけてしまっていた。でっぷり太っていた体型は、しぼんだように小さくなっている。

弟の病名は膵臓癌《すいぞうがん》であった。

医者から数か月の生命と宣告されたのは冬の二月で、本人に癌であることを告げるべきかどうか家族は悩み苦しんだ。迷いはあったが、弟に膵臓の炎症と偽って病名を隠し通すことにした。

二か月ぶりにわが家に帰れたのがよほどうれしいのか、弟は明るく、おしゃべりであった。だが食欲はあまりないようであった。

「兄貴さ、ヤマメで一杯やりたいけど酒はもういいよ。飲んでも不味《まず》いんだ」

飲んべえの弟は、好きな酒を医者から止められていた。とはいっても、飲みたくても飲めなくなっていたのだ。

「そのうち、すぐ飲めるようになるさ」

小さく弟はうなずいていた。

ヤマメは、すぐに釣ってきてやると約束した。

弟に釣りの趣味はなかったが、ぼくが釣ってきたイワナ、ヤマメ、アユに目がなかった。天然の魚はうまいと喜ぶ顔がうれしくてみやげに持ち帰ることがしばしばあった。

でもそれはだいぶ前の話だ。理由はいろいろあるが、弟に魚を届けなくなって久しい。

大人になった弟は釣りをすることはなかったが、子供の時分たまに連れ立って川に行くことがあった。仲良く二人で釣りに行ったのではなく、あとを追いかけてくる弟にしかたがなく一緒したという覚えが強い。

一つだけ、忘れられない思い出がある。たしかぼくが小学二年生で弟は二つ下だから六つくらいだったろうか。

家は北上川《きたかみ》の岸辺にあって、そこから二、三十分も歩くと、北上川に注ぐ支流の太《おお》田《た》川の出合いにぶつかる。合流点はゆったりした流れで深くよどみ、大ものが潜んでいた。

岸辺の土手は川面より一段と高い位置にあり、子供には危険な場所であった。だから親には、ここに来ることを固く禁じられていた。しかしぼくは何度か隠れてこの出合いでサオを出していた。この日も、こっそり出かけようと家を抜け出したところを弟に見つかってしまった。追いすがる弟を振り切ろうとしたが、連れて行きなさいという母親のひと言で、しぶしぶ弟の分まで釣り道具を持つはめになった。

蟬が鳴いていた。サトウキビ畑の中を通り抜け川沿いの道をしばらく歩くと、太田川の土手に着いた。

サオは延べ竹の四メートルほどで、サオ掛けはそのへんに落ちている木の枝をX字に地面に突き刺すとでき上がる。ウキは桐の木を削って赤いクレヨンを塗って作った。釣り糸は柿の渋で染めた渋糸で父の道具箱から盗んだものだ。

エサはミミズ。弟の分までミミズを付け、仕掛けをセットし、絶対ここから動くなと土手に座らせた。弟は素直に真剣な面持ちでウキを見つめていた。

そのうち弟のウキがピョコンと消し込んだ。早くサオを上げろと怒鳴ると、弟は真っ赤な顔をしてサオを握りしめていた。土手の上を行ったり来たりして二人がかりでようやくサオを引き抜くと、地面でバタバタと大きなハヤが飛びはねていた。弟は興奮してハヤにしがみついた。

ぼくのサオにもアタリがあり、ビュン、ビュンとイトが左右に走り、三十センチもあろうかと思われるニゴイが水しぶきを上げた。弟が隅で歓声を上げて踊っていた。

そのうちいきなり空が真っ暗になると、夕立がやってきた。二人はクルミの木の根元に逃げ込んで雨宿りをした。

雨足は激しく、川面は泡立っていた。

遠く、ゴゴー、ゴゴーンと雷が轟いた。

弟は不安そうな顔つきで身体を小さくしていた。間もなく雷雨は去って暑い日差しが覗いた。蟬も鳴き出した。

そのままにしておいた釣りザオに戻ると、いきなりサオが横に走った。サオを上げると満月にしなった。弟もサオが引き込まれワーワー声を上げている。重い引きを何とかこらえていると、のっそりとナマズがでかい顔を水面に出した。弟は大きなニゴイに引きずられ手こずっていた。それから二人のサオが入れ食いになった。ハヤ、ナマズにニゴイがバタバタと釣れた。しまいにはコイにハリスを切られた。二人は夢中になり、いつしか時間のたつのを忘れていた。

夕暮れになり、カンカンと蟬が鳴き始めた。その頃になってとうに帰る時間が過ぎているのに気がついた。父に叱られる。あわてて魚のエラに笹竹を通し家に向かって二人は駆け出した。この場所で釣ったことは絶対しゃべるなと弟に釘を刺した。

家に着くと、おそるおそる玄関を開けた。父の怒鳴り声か拳骨《げんこつ》が降ってくると思いきや何事も起きなかった。

茶の間から父の笑い声がしていた。誰か客が来ているらしい。茶の間に顔を出すと、どうだ釣れたかと、父はニコニコしていた。

弟が身ぶり手ぶりで魚がいっぱい釣れたことを説明していた。

ぼくは父の態度に拍子抜けしたが、正直いって胸をなで下ろしていた。

高校を出て銀行に勤めるようになった弟にいつかこの日のことをしゃべってみたが、一向に覚えていないようであった。

一日も早くヤマメを釣らなければならない。弟との約束だ。四月下旬、西和賀《にしわが》の和賀《わが》川の支流、横《よこ》川にいた。二年ばかり工事で、横川の流域は濁りの入る日が多かった。川底は泥にまみれ、川虫さえ棲《す》めない状況であった。

今年工事が終わって、流れはきれいになったという情報が飛び込んだ。しばらくサオが振れなかった横川だから、ヤマメの一つや二つ出るはずだ。それも大型が残っていると読んでの釣行であった。

大荒沢川《おおあらさわ》との出合いから横川にもぐり込んだ。雪代《ゆきしろ》がまだ残っているのか、少し流れは白濁して思ったより水位が高い。しかしこれくらいの水の高さなら、何とかサオは振れそうだ。

ここぞと思うポイントに毛バリを放り込んで行く。腰下まである流れは意外に力があり、油断すると足が浮いて何度かグラリときた。

岸寄りのゆるやかなトロ瀬を念入りに探るが魚の出はない。横川名物の幅広ヤマメはもはや存在しないのだろうか。

雑木林が両岸を覆いうっすらした日陰の流れを抜けると、コンクリートの石垣で組まれた護岸に出くわす。幅一メートルほどの、ゆるやかなトロ瀬が横たわっている。深そうだ。ここにいないわけがない。

腰を低くして毛バリを落としこむ。何度か流していると、ギラリと水面が光った。ヤマメだ。間違いない。目を皿にして毛バリの動きを凝視する。一投、二投、出ない。毛バリを替えてみる。とうとう腰を落とし膝をついたままサオを振る。少し小ぶりの毛バリに替えてみる。どうして出ないのだ。

サオを引いて呼吸を整える。掌《てのひら》がじっとり汗をかいていた。

気を取り直してサオを振る。フライボックスを開ける。思いつく毛バリは替えて試してみた。この際だ。カワゲラの幼虫に似せた、底に沈めて流すニンフをつまんで結ぶ。

トロ瀬の上手から放りこんだ。二、三投目、黄色の目印がスーッと動いた。サオを立てる。ゴト、ゴトとサオ先がおじぎをする。

きたっ、これは逃がしてはならない。慎重にイトをたぐり、流れの下手に移動する。ゆっくり岸辺に寄せると水しぶきが上がった。二十四、五センチの太ったヤマメだ。春の光にまぶしくきらめいている。

ふーと、ため息がもれた。思わずよかったという声が胸の内に聞こえた。岸に生えていた蕗《ふき》の葉を二、三枚むしり取り、水で濡らしてそれでヤマメを包んだ。ベストの背中のポケットにヤマメをしまいこむ。

同じトロ瀬に何度かニンフを流し込んだが、ヤマメの出はこれきりであった。もう一尾魚が欲しかった。できればイワナも釣りたかった。

上流へ急ぐことにした。

カワガラスが鋭く鳴いて下手から上手へ転がるように飛び去って行った。

毛バリを浮かせたり沈めたりと、できることは繰り返しやってみた。いつもなら面倒くさくて一つの毛バリで押し通すのに、今日はよく毛バリを替えた。それでも魚の出はなかった。

だんだん川幅は狭くなってくる。芽吹きの森が眼前に広がっている。川面は光の粒をまぶしたようだ。放り投げた毛バリがきらめく水面にまぎれて見えにくい。

昼も食べないで一心にサオを振り続けた。だいぶ上流へ足を運んだようだ。

川はさらに細くなり、浅い流れが上手へ延びていた。林の陰に集落が見える。流れに一本の丸太が渡してあった。その下に人影が見えた。大人一人と子供二人がしきりに川底を覗いていた。

ぼくが近づくのに気がついて、いっせいにこっちを眺めた。挨拶をすると子供らはペコリと頭を下げた。川底に網を入れてカジカを取っていたらしい。お祖父さんらしい方が、釣れたかと聞くので、ヤマメが一尾だけだと答えた。

もう少し行くと栗の木が川岸にありその前の小さな淵にヤマメがいると、お祖父さんは親切に教えてくれた。イワナもいると子供らは口々に言いながら、両手を広げて大きさを示した。礼を言って上手に行く。

柔らかな風が吹いてきた。かすかに森が匂う。

ふいに、涙があふれてこぼれた。

なぜか、止まらない。ぼくは、涙をぬぐいながら歩いていた。

第二部

追憶の遠野行

柳田国男の「遠野《とおの》物語」で知られる遠野郷は、古く遠野保とか西閉伊郡とも呼ばれ、遠野・土淵・附馬牛《つきもうし》・鱒沢・達曽部《たっそべ》など、一町十か村に分かれていた。

昔話や伝説などが息づく遠野郷に、ぼくが足を踏み入れたのは、およそ四十数年前、三十代前半の頃であった。これからの話は、その辺りから始まっている。

（1）

「お客さーん。時間ですよ。早ぐ起きて。バス、出ちゃうよ。お客さんってば……」

宿のおかみさんの大声に、ぼくは飛び起きた。しまった。寝坊した。慌てふためいて、食事が用意してあるという、台所続きの小部屋に入った。柱時計は、六時を回ろうとしていた。飯をかっこみ、みそ汁を喉に流し込んだ。玄関で見送ってくれた、おかみさんに頭を下げ、ザックを背負ったぼくは、遠野駅へ向かって駆け出した。息急き切って、駅前に停まっていたバスに滑りこんだ。バタン。すぐに運転手がドアを閉めた。始発のバス、上附馬牛の「大出《おおいで》」行きが、ゆっくりと動き出した。十人ばかりの乗客の目が、いっせいにぼくに向けられた。きまりが悪くなったぼくは、後部の座席に腰を下ろした。よかった。ぎりぎり、バスの発車に間に合った。もし、このバスに乗り遅れたら、昨晩宿に泊まったのが、無駄になるところだった。ぼくが住む一関から花巻駅を経由して、当日の遠野駅朝一番のバスに間に合う、乗り継ぎの普通列車はなかったのだ。遠野の町中を抜けたバスは、田畑が広がる盆地の中を走っていく。六月の初旬。空は明るかった。山あいから滑り落ちてきた夜明けの光が、周囲の森や林の若葉をきらめかせていた。山際に肩を寄せるように、こぢんまりとした茅葺きの集落が見えてきた。バスが停まった。二人の乗客が降りた。バスが停まるたびに、一人、二人と降り、気がついたら乗客は、ぼくだけになっていた。

「お客さん、どこで降りるかね」

その時、運転手から声が掛かった。ぼくは終点の「大出」と答えた。うなずいた彼が、あと何か言ったようだが、バスの振動で聞き取れなかった。ぼくは運転手の、真後ろの席に移動した。

「お客さん、釣りかね。今日は水の塩梅《あんばい》がいい。あー、がばがば釣れるな。今なら。エサはミミズだ。イワナ、腹減らしてるからな」

おや？　彼も釣りをやるのか。そんな話しぶりだった。民家が見えなくなるとバスは、山あいの狭い道を上りはじめた。うっそうとした林の中の、曲がりくねった山道をバスは、のろのろと走った。しばらく行くと、前方の視界が開けて、川沿いに点在する茅葺きの屋根が目に入った。

「ここは小出。大出は、もっと先だよ」

小出の集落を後にしたバスは、崖際のでこぼこ道を進んでいく。崖の真下は谷底で、樹木の間から猿ヶ石川の白い流れが見え隠れした。バスがゆさゆさ揺れるたびに、崖から落ちそうでぼくは座席にしがみついていた。

と、いきなりバスが急停車した。彼は何やら、ぶつくさつぶやきながら、ドアを開け外に出ていった。彼は、すぐに戻ってきた。

「お客さん、すまねぇけど、ちょっと手を貸してくれねぇかな」

と、彼は頭を下げた。外に出てみると、バスの前に、大小の岩や石ころが転がっていて、道をふさいでいた。左手の崖の斜面で、土がむき出しになっている。そこが崩れ落ちたらしい。石を拾っては崖下に落としている彼に、ぼくも見ならった。一抱えもある重い岩もあった。一人では持てない岩は、二人で押しながら転がした。なんとか二人掛かりで、落石を片づけることができた。

「助かったよ。ひと汗かかせてしまって、申すわけねぇ。めったに、ねぇんだがなしょっちゅうあったら、たまったものでない。早く、この場を離れたかった。

……」

「ここを下れば、大出はすぐだよ」

バスが山腹の道を巻くように下った。林の中の平坦な道に変わった。橋を渡るとバスは、バス停の標識が立つ広場に入り停まった。

「さあ、着いたぞ。終点、大出だ」

運転手の声に、ぼくはほっとした。バスを降りたら、さらさらと水音が、耳に届いてきた。橋の上から川を眺めた。澄み切った流れに、川底の石までが手に取るように見える。川のまわりに、茅葺きの家を三軒数えることができた。人通りもなく静かだ。ウィ、ウィ、ウィーン。聞こえてくるのは、周囲の林から染み出す、ヒメハルゼミの鳴き声だけだ。

「よぉー、釣るならよ。こっから小一時間歩いた、上大出の集落あたりからがいい。まぁ、無理しねぇこった。熊、うろうろしてるしな。あ、それからな、集落のそばの淵、かっぱ淵と言うけどよ。そこは竿、出さねぇこった。河童によ、引きずりこまれっからな。帰りのバスに、遅れんなよ。気いつけてな」

ぼくは礼を言って、彼と別れた。彼の親切は、ありがたかった。でも河童が、どうのこうのいった話は、どうも理解できなかった。

彼に言われた通り、木漏れ日が降ってくる雑木林の林道を、しばらく歩いていった。すると、林道の下の斜面に延びている、踏み分け道が目についた。ここを下れば、川に出られるということか。細い道をたどって行くと、段々畑が現れた。畑の向こうに目をやると、樹木にまぎれて数戸の民家が見えた。上大出の集落のようだ。周囲を見渡したが、人の気配はなかった。やがて踏み分け道は、二手に分かれた。少し広くなった右手の道は、集落の方へ、左手は川へ続いているようだ。草が茂る道を行くと、難なく川岸に出た。森の緑を吸い取ったような流れが、岩の間を滑り落ちていた。気を静めて、ゆっくりと竹竿を継いだ。エサはミミズ。岩の脇の流れに、ポンと放り込んだ。ガガン、ガン。いきなり目印が沈んで消えた。竿先が引きこまれ、ヒューンと糸が鳴った。竿を立て、こらえた。バシャ、バシャ。イワナが躍り上った。立て続けに、イワナが、ミミズに食らいついた。

釣り上がっていくと、林の奥から水が落ちる音がした。木立をくぐり抜けると、広さ、四、五畳ほどの滝壺が現れた。対岸から樹木の枝がおおいかぶさり、淵は薄暗かった。青黒い水が、ゆっくりと回っている。深そうだ。これが、バスの運転手が言ってた「かっぱ淵」なのだろうか。と、背後に何か気配を感じて振り向いた。ぎくりとした。杖にすがった白髪の婆さんが、道からぼくを射すくめるように見下ろしていた。ぼくはどぎまぎして、かぶっていた帽子をとり、「こんにちは」と挨拶した。婆さんは、じっと、こっちを見たまま身じろぎもしない。黙りこんでいる婆さんが、薄気味悪くなり、ぼくは淵の前を離れた。少し歩いて振り返ったら、婆さんの姿は消えていた。

婆さんの顔を振り払うように、釣り上がっていった。今日は奥地まで入りこまないつもりだったが、いつの間にか知らない枝沢に分け入っていた。魚籠《びく》が、ずしりと重くなっていた。腹がすいたのも、忘れていた。川岸の岩陰に腰を下ろし、にぎり飯にかぶりついた。腹ごしらえができると、立ちあがった。帰りのバスの時間までは、まだ間があった。上るにつれ谷は狭くなり、ごろごろした岩場が立ちふさがった。岩の間の、とろりとした流れで、ズズン、ズズンと目印が沈んだ。竿先が引きこまれ、腕を上げたらスッと軽くなった。ギラッと水中が光った。イワナが、ひるがえって逃げていった。二度も糸を引きちぎられた。尺イワナとの取っ組み合いで、汗まみれになっていた。あっと気がついた。時間が経つのを忘れていた。谷川を駆けるように下った。何度も足がもつれて、転びそうになった。間に合うだろうか。あの運転手、少しぐらいの遅れなら、待っていてくれそうな気がした。

濡れねずみになりながら、やっと上大出の集落を抜け、林道に上がった。夕暮れが近い林道を、よろけながら走った。ちらりと、林の陰に民家の屋根がのぞいた。

「あー、大出の集落だ」

翌年の五月。連休明けに、再び上附馬牛の大出へ向かった。どうしても竿を出したい場所があった。この日は花巻駅で列車を乗り継ぎ、遠野駅から昼前の大出行きのバスに乗った。運転手は、去年お世話になった彼ではなかった。まわりの森、遠くの山々は、芽吹いた淡い黄緑色の衣をまとっている。ちらほらと田畑に出ている村人の姿を見かけるが、まだ田植えは始まっていないようだ。そんな風景の中をバスは、ゆらゆらと走っていく。今回も落石があるのではと、ひやひやしていたが何事もなく崖際の道を通り抜け、終点の大出に着いた。最終の遠野駅行きのバスは、午後四時過ぎなので、竿が振れる時間は三時間ほどだろうか。大出の集落から林道に入ると、脇目も振らずに急いだ。見覚えのある、林道からの踏み分け道を下っていった。目指すは「かっぱ淵」だ。河童がいるなんて話は、もしかすると「かっぱ淵」が、釣り好きの運転手の穴場で、ぼくにイワナを釣らせたくないための、作り話ではないのか。そう考えたりもした。きょろきょろしながら、草むらの道を進んだ。どっからか、ぼくを窺っている目があるような気がしたのだ。川の前に出た。たっぷりした流れが、岩を洗っていた。去年来た時より、水かさがあるようだ。上流へ急ぎ足になった。クルミやミズナラなどの林をくぐり抜けると、水の落ちる音が耳を打った。かっぱ淵だ。そっと辺りを見渡した。あの婆さんが立っていた、道の方にも目をやった。どこにも人影はなかった。

淵の前に屈みこんで、竿に仕掛けをつけた。エサはミミズに、イタドリの虫も持ってきていた。水が増えているせいか、淵を回る流れが前より早くなっている。もう一度、うしろを確かめてから薄暗い淵にミミズを投げこんだ。

黄色の目印が、時計回りに水面を滑っていく。ふっと、目印の動きが止まった。ストン。目印が消えた。慌てて、竿先を跳ね上げた。ググ、グン、グー。竿先が大きく曲がり、水中に突き刺さった。そのまま動かなくなった。淵の底の岩や、木の根っこにでも引っかかったのかと思ったが、そうではない。ゴッ、ゴッ、ゴゴ。何かに引っ張られているような、気配が淵の底から竿先に伝わってくるのだ。しびれを切らして、強引に竿先を上げた。ググンという衝撃に、スッと竿先が軽くなった。糸が切れ、ハリがなくなっていた。この手応え。まちがいなく滝壺の底に、何か潜んでいる。急いで、少し大ぶりのハリにつけ替え、ミミズを数匹縫い刺しにした。腰を低くして、竿を振った。目印が、ふらっふらっと淵を回っていく。目を凝らす。と、目印が立ち止まった。すかさず、腕を高く上げた。ズズ、ズーン。竿先が引きこまれ、ガタガタと震えている。引いても上がってこない。グイグイと引っ張られ、ずるずると淵に引きずりこまれていく。深さは腰下までになった。両足を踏ん張った。もうこれまでと、両手で竿尻を握り、力をこめて引き上げた。グン。瞬間、竿先が水中から跳ね上がり、目印がふわふわと浮いていた。またハリがなくなっていた。

膝がガクガクいった。岸辺にぺたりと座りこんだ。汗をびっしょりかいていた。一息つくと、ザックから一番太い糸を探してハリを結び、つけ替えた。なんとしても、滝壺にいる正体を確かめたかった。腰を上げて、竿を振りこもうとした、その時だった。

「なにしてんだ。かっぱ淵で、釣りをしてなんなぇ。お前ぇさん、罰があたるぞ」

ふいに背後から、怒鳴り声が降ってきた。ぎょっとして振り向くと、あの時の婆さんが杖にすがった同じ格好で、ぼくをにらめつけていた。（婆さん、河童なんて、居るわけないですよ）。そう文句を言いたかったが、思わず、その言葉を呑みこんでいた。婆さんの怒りが余りに異様で、ちょっと怖くなったのだ。

謝ることもないのに、なぜか「すみません」と頭まで下げていた。ぼくは婆さんの顔を見ないようにして、バス停へ向かって歩き出した。遠野郷の猿ヶ石川流域を、釣り歩いているうちに、川には様々な淵が点在し、「蔵淵」「長淵」「二段淵」「かっぱ淵」など、それぞれに名がつけられていることを知った。その中で「かっぱ淵」は数箇所あり、どの淵でも、村人が申し合わせたかのように、水遊びや釣りをすることなどを固く禁じていた。

上大出の「かっぱ淵」の一件以来、ぼくは「かっぱ淵」と呼ばれる淵で、竿を出すことは一度もなかった。なぜかと言うと、婆さんの「罰があたるぞ」との叱責の一言が、ぼくの心のどっかに巣食ってしまったせいなのだ。

（2）

遠野郷を、さ迷っているうちに気がつくと、四十数年が経っていた。長い年月の間に、川も村も大きく変貌した。遠野郷は合併して遠野市となった。八軒ほどの集落、上大出は廃村となり、今は深い木立の中に埋もれている。

あの「かっぱ淵」は、どうなったかというと。ある年の夏に、三、四日、大雨が続き大洪水となった。大水は岩や樹木を押し流し、かっぱ淵を呑みこんだという。かっぱ淵の岩場は崩壊し、淵は跡形もなく消滅した。その後、上大出の村人たちは、かっぱ淵の河童が、どこかの淵に引っ越して、きっと無事に居ると話し合っていたという。ブナやミズナラなどの樹木が、大雨で流されたのは、猿ヶ石川上流域での、林道の拡張工事のせいだった。山肌が削られ林道ができると、奥地のブナやミズナラなどの木が、どんどん伐採されていった。ひとたび雨が降ると、谷川は赤茶色の泥流となった。地元の人たちが、「カジカ沢」と呼んでいた、附馬牛の小さな沢が土砂に埋もれて、カジカは死に絶えた。イワナの魚影も、めっきり減った。

遠野郷の里川、小烏瀬川《こがらせ》での忘れることのできない光景。ある夏の夕暮れ時。川岸で、村のおかみさんが野菜を洗っていた。すぐ下の浅瀬では、子供らが、ばしゃばしゃと水遊びをしている。ぼくと友人の芦澤一洋さんは、その下手の流れの中にいた。その時、きらっ、と川面がはじけた。

バシャ、ビチャと、ヤマメがエサをあさりはじめた。ふたりは毛バリを放りこんだ。ヤマメは、次から次へと毛バリをくわえた。

まわりの林から、カナ、カナとヒグラシが鳴き出した。「これ、いいよ。ここ桃源郷だよ」。ふたりは、いつまでも流れに立ちつくしていた。しかし、上流の山が壊れると、里の川も汚れが目立つようになった。彼が言った桃源郷の景色は、少しずつ色あせていった。

それでも、なぜかぼくは遠野の流域に通い続けた。その年の川釣りに、終止符を打つ川といえば、猿ヶ石川流域と決めていた。そして三十年来の常宿は、川べりにある上附馬牛の民宿「わらべ」である。

今年も秋が巡ってきて、このシーズン最後の釣りと遠野へ出かけた。いつも立ち寄る土淵の「伝承園」で、昼飯用に焼もちを二個買った。昔は三個だった。このごろ、三個食べるのはきつくなった。支流の小烏瀬川、琴畑川《ことはた》は、去年の大雨であちこち川岸が崩れて、流れが変わってしまった。ちょっと散歩がてらの気分で、荒川をのぞいてみることにした。空は、べったりと灰色の雲が貼りつき、今にも泣き出しそうだった。荒川も川岸が削り取られた箇所があり、土のうが積まれていた。上流の入りやすい場所から、川に下りた。数日前の雨のせいで、水位は少し高いが濁ってはいない。毛バリを放りこんでいったが、ウンともスンともない。岩陰で腰を下ろし、焼もちをかじった。とうに昼は過ぎていた。もう少し釣り上ろうかと腰を上げたら、ぽつりと雨が頬に当たった。急いで川から上がり、車に戻ったら、ぱらっぱらっと雨がやってきた。

いい潮時と、そのまま車を走らせて「わらべ」に投宿した。早池峰の山裾にある、上附馬牛の集落では夏でも朝晩寒いので、ストーブを焚くことがある。「わらべ」でも、客同士がくつろぐ一室に、薪ストーブが据えつけられている。「今晩は冷えるから」と、だんなの佐々木さんが薪ストーブに、火を入れてくれた。客はぼくの他に、ご夫婦が一組だけと教えてくれた。薪ストーブの、ほんのりとした温もりが心地よかった。遠野郷を桃源郷と言った芦澤さんは、夏に焚く薪ストーブが、とても気に入っていた。薪ストーブのそばで、友人らと珈琲を飲むのが好きだった彼は、二十年ほど前の秋に帰らぬ人となった。話し相手のいないぼくはいま、一人珈琲を飲みながら原稿を書いている。

ザァーと雨が、屋根をたたいた。本降りになったようだ。朝起きたら、雨は止んでいた。でも、どんよりした天気で、遠く見えるはずの早池峰の山々も今朝は、厚い雲に塗りこめられている。見送りの佐々木夫妻と別れて、上流へ向かった。雑木林の中の林道を走り、途切れたあたりで車を停めた。確かこの辺りに、上大出への入り口があったはずなのだが、ヤブにおおわれて皆目わからなくなっていた。本流への道をはずれて、奥の枝沢への林道をそろそろと進んだ。たまに土砂が崩れて、林道がふさがり車は立往生することがあるのだ。しばらく進むと樹木の間から、枝沢のきらめきがちらほらと見えてきた。

車一台しか寄せられない路肩に、頭から突っ込んだ。木の枝にすがりつきながら、そろりそろりと下りてゆく。どうも普段より水音が、高く聞こえてくる。谷底に下り立った。やはり水かさは、大分増えていた。夕べの、どしゃ降りのせいだろう。でも流れは澄んでいて、なんとか竿は振れそうだ。曇天で日の光が届かない谷間は、ひんやりしている。川に立ちこんで、毛バリを放りこんでいった。流れに、勢いと力があって何度か足元がぐらついた。足の運びに気をつけながら、釣り上がっていった。魚の気配はなかった。小さな淵に毛バリが落ちて、水にもまれて見えなくなった。と、グイと引きこまれた。これは、儲け物だ。食った。毛バリをくわえたイワナが、のっそりと流れから顔を出した。岩が点在する流れを、向こう岸へ渡ろうと二、三歩足を運んだら、ズルッと滑って後ろ向きに転んだ。焦って起き上がろうともがいたが、なかなか立ち上がれない。腰のあたりが冷たかった。ウエーダーから、水が入りこんだらしい。こんな所で転倒するなんて、はじめてのことだ。幸い、どこも痛いところはないし、竿も無事だった。岸辺に腰を下ろし、一休みすることにした。おかみさんが持たせてくれた、おにぎりをザックから取り出した。

昨夜、ぼくの部屋にやってきた佐々木夫妻の沈んだ表情が、言いようがない寂しさとなって、胸の内にはりついていた。

「三十年も、長い間お世話になって、申し訳ないけど、わらべ今年でやめようと思います」

言葉を選ぶように、だんなが口火を切った。

「私は春に倒れて、しばらく入院してました。お父さんも病気持ちです。二人とも、体力がなくなりました。これ以上、お客さんに迷惑はかけられません」

おかみさんは、つらそうに目を伏せた。ぼくは黙ったままだった。

これまで頑張ってきた、ふたりの姿を見続けてきたぼくが、どうしてこれからも「わらべ」を続けてくれと言えるだろうか。

何事にも終りはやってくる。あと何年、この谷を歩くことができるのだろうか。ふっと、そんな弱気が胸をよぎった。さっきから、膝のあたりが、しくしく痛んでいた。大丈夫と思っていたが、転んだ時、岩にでもぶつけたのかもしれない。ぞくっと冷たさが、体の中を走った。なにくそ。立ち上がった。竿を握りしめ、薄暗くなった谷の奥へ向かって、足を踏み出した。

蝉しぐれ

「あのー。イワナの顔が、見たくなってね。つき合ってくれるかな……」

聞き覚えのある声は、久しぶりだった。

電話をかけてきたのは、東京近郊に住む友人のYさんだ。長年の釣り仲間でもある彼は、毎年、岩手の川へ足を運んでいた。

ところが五年前、突然釣りを止めなければならなくなったとの、連絡が入った。理由は、歩くのも不自由になった母親の自宅看病をするためと言った。それに持病の腰痛を抱え悩んでいたことを、ぼくは知っていた。だから彼の決断に、黙っているしかなかったのだ。

今回彼に何があったのだろう。聞きたいことは山々なのだが、出しゃばるわけにもいかない。何にせよ、彼が釣りをやる気になったのは喜ぶべきことなのだから……。

七月の終わり。暑くなったり涼しかったりと、ちぐはぐな夏の日が続いていた。

彼は以前と同じ大きなバッグを背負い、釣り竿が入ったケースを手に、新幹線の改札口に現れた。

なぜか急にぼくは言葉に詰まり、「やぁ」とだけ片手を上げていた。それに応えて彼も片手を上げ、白い歯をこぼした。

それが五年ぶりに交わした、二人の挨拶だった。

江刺《えさし》の町から山越えで遠野へ、車は二人がいつも通っていた道を走っていた。

彼は窓外の景色を、食い入るような目つきで見詰めていた。

田瀬《たせ》湖へ抜ける、なだらかな丘の道にさしかかると、山裾にぽつり、ぽつり民家の屋根が見えてくる。細いT字路の角が広くなっていて、そこに無人野菜売り場のほったて小屋がある。その脇に車を寄せた。

「あれっ、まだ百円小屋、やってたんだ」

彼が言った百円小屋の意味は、以前袋詰めの野菜が、どれも百円だったということにある。いまは野菜の種類によって、値段にばらつきが出ることがあるようだ。棚には値札をつけられた、キュウリ、ナス、トマト、ニンジンなどの袋詰めの野菜が並んでいる。ぼくはトマトとキュウリを一袋ずつ手にし、料金箱に二百円を入れた。

彼には何か、お目当てがあるようだった。

「何、さがしてんだ」

「あー、トウモロコシ。おふくろの好物なんで、みやげにしようと思ったのだがね」

と、彼は少し照れくさそうな顔をした。

「お母さん、お元気なのか」

気がかりだったことを聞いてみた。

「あー、いまは福祉の施設にいる。自分から入ると言い出してね。きっと自宅で介護する息子の私に、気兼ねしたんだろうね」

その時、一人の女性が裏手の道から小屋に入ってきた。両手に抱えているのは、袋詰めされた野菜のようだ。

「あら、お客さん。おはようございます。いっぺぇ買ってもらって、ありがとがした」

深々と頭を下げた。おかみさんは、ここの売り場に出す野菜をつくる農家の方だった。

「あの。トウモロコシ、ないんですか」

「すみません。トウモロコシ、出来が悪くて、出せるかどうか、わかんないんですよ」

彼は残念がったが、手ぶらで悪いと思ったのか、棚からナス、ニンジンの袋詰めをつかみ、お金を箱に入れた。

「あっ、これ、おまけね」

と、おかみさんが一袋のナスを素早く、彼の手に乗っけた。彼は何度か遠慮したが、おかみさんに押し切られてしまった。

無人野菜売り場を後にして、田瀬湖畔から遠野の町へ入った。町はずれから北へ向かうと、四方が山に囲まれた盆地の中を流れる、小烏瀬川《こがらせ》にぶつかる。空は曇っていて、薄日が差す川面は鈍い光を放っていた。川沿いを走っていく。

「あれっ、どうしたんだ。川、あちこち壊れてるじゃないか」

前もって彼に話してなかったが、三年前の台風で、猿ヶ石川《さるがいし》流域は大打撃を受けた。川が氾濫し、場所によっては護岸が崩れたり、川底がえぐり取られるなどの深い傷跡を残した。彼は黙ったまま、荒れた流域に目をやっていた。

小烏瀬川から離れて、田畑が点在するこぢんまりした集落を三つほど抜けると、車は狭い山あいの道にもぐりこんでいく。枝葉がおおいかぶさる、薄暗い林道を行くと、ふいに、ぱぁーと視界が開けた。川向うの樹木が伐採され、丸裸になっていた。さらに進むと、崖下の樹木の間から、猿ヶ石川の流れが見え隠れしてくる。谷川に降りられそうな場所を探した。路肩に車を寄せ瀬音が耳に届く谷をのぞくと、真下に白い流れが見えた。

「ここなら、下りるのは楽そうだ」

彼の判断に同意して、釣りの支度にかかった。もう若くはない、同年代の二人が険しい岩場を上り下りするのは、無茶な話だ。

できるだけ平坦な流域を転ばぬよう、ゆっくり釣り歩くのが分相応というものだ。特に彼は、しばらく釣りから遠ざかっていた。腰痛のことも心配だった。

二人は熊除けの鈴をぶら下げた、ザックを背負い、釣り竿を手に持った。

ぼくが先頭になり、樹木の枝に縋《すが》りながら、そろりそろりと谷底に下った。谷底に下り立つと、さーと涼気が体にまつわりついた。

曇天で日の光が弱いせいか、谷間はほの暗かった。彼が周囲を窺うかのように、首をめぐらした。

「どうした?」

「蝉が鳴いていないな」

そういえば、気がつかなかった。耳を澄ましてみたが、蝉の鳴き声は聞こえなかった。

「日が差してこないからかな。夏、蝉が鳴かないのは、寂しいね」

彼が岩手にやってくるのは決まって夏だった。新緑の春の方が快適なのに、なぜ暑い夏なのか、いつだったか彼にたずねたことがあった。蝉しぐれの中で、元気なイワナを釣るのが好きだというのが、彼の答えだった。

このあたり、大雨による傷は、意外と浅かった。でも、もしかすると谷をあふれた泥流が、蝉に何らかの影響を及ぼしているのかもしれない。

先に立つよう彼に告げて、ぼくは竿を出さないで後についていくことにした。まずは彼にイワナを釣り上げて欲しかったからだ。上るにつれ、彼の足取りが速くなっていった。少し彼から離れてしまった。その時だ。

「あー」という、悲鳴が耳に届いた。急いで行くと、彼は岸辺に腰を落とし、毛バリを取替えているところだった。

「焦ってしまって……」

彼は渋い顔つきをした。イワナをばらしたのだ。新しい毛バリを結び終えた彼は、立ち上がった。

岩が水面にちょこんと顔を出している目の前の流れに、毛バリを振った。しつっこく、何度も毛バリを落とした。イワナをばらした場所だが、うんともすんとも反応はなかった。諦めた彼は、上流へ歩き出した。

ふと、彼が足を止めた。首を傾げて、聞耳を立てるような仕草をした。そして、彼の顔に笑みが浮かんだ。あ、蝉が鳴いている。

ギー、ギギ、ギー。蝉の声が少しずつ高くなってくる。

「よかった。蝉が鳴き出したよ」

彼は水しぶきを立てて、勢いよく流れに踏みこんでいった。イワナが出ないまま、しばらく行くと、ふいに上手の谷筋が、うっすらと明るくなった。左岸の林が途切れて、ぽっかりと明り窓みたいになっている。そこから日の光が差しこみ、岸辺に木もれ日がこぼれていた。

「あっ、あそこに何かいるぞ」

彼の声に、びくっとして足を止めた。

指差す川岸に目を凝らすと、木もれ日の揺らめく中に、青緑色のきらめきが見えた。蝶《ちょう》？　ミヤマカラスアゲハだろうか。
五、六羽が羽を震わせて、狭い岸辺の砂地に群がっている。湿った砂地から、吸水しているのだ。
蝶に通せんぼうされてしまった。

谷が狭まり、上手へ行くにはどうしても蝶がいる場所を通ることになるのだ。

「あのさ、昼は過ぎているし、飯にしないか」

腹は減っていたが、それより少しばて気味で一休みしたかったのが本音だった。

「そりゃ有り難い。正直に言うと足がふらついて、へなへなだ。すっかり体が鈍ってしまった」

そう言うなり彼は、ぺたりと川岸に腰を落とした。

二人はザックから取り出した握り飯にかぶりつく。たちまち彼は、二個を平らげてしまった。よっぽど腹ぺこだったようだ。

野菜売り場から買ってきた新鮮な生キュウリをぼりぼり丸かじりする。トマトはジューシーで甘かった。

「あー、美味いなぁ。こんな昼めし、すっかり忘れていたよ」

腹いっぱいになったら眠くなってきた。うとうとしていたら、彼に揺り起された。

「さぁ、行くよ。もう一踏ん張りだ」

二人は立ち上がって、ザックを背負った。

「腰、痛くないのか」

「心配ないよ。前より良くなっている」

二人は谷の奥へ歩き出した。

いつの間にか、川岸で吸水していた蝶の群れは消えていた。林の切れ間から、青空が見えた。空は晴れたようだ。

谷間は明るさを増して、枝葉の緑がはっきりしてきた。

休んだせいか、怠《だる》かった足が少し軽くなった気がする。彼も軽快に、ぽんぽんと岩まわりの流れに毛バリを投げこんでいった。

しだいに谷の傾斜が、きつくなってくる。ごろごろした岩場が多く現れてきた。じっとりと汗ばんでくる。時々彼に声をかけ、竿を振る手を止めて一息入れさせた。二度、石につまずき、よろける彼を見たからだ。だんだんと、蝉の声が高くなってくる。ちょっと暑苦しくなってきた。

流れを塞ぐように、でんと岩が居座っている場所にぶつかった。岩を乗り越えられないので、ぐるっと回って上手に出た。

右岸が崖で、岩の間から細い流れが川に落ちこんでいた。その落ち口が、ゆるやかな水のたまりになっている。少し深そうだ。

彼は水たまりに、ふわっと毛バリを落とした。バシャ。いきなり水がはじけた。

竿先が大きく曲がった。グイグイと強い引きに、彼は背を屈めてこらえている。

竿先が、がくがく揺れる。(切れないでくれ。頼む)。祈っていた。彼は少しずつ、リールを巻く。水しぶきが上がった。ゆらゆらと、イワナが岸辺に寄ってきた。

彼はネットを流れに差し入れ、静かにイワナをすくい取った。(やった)。

彼は岸辺に膝を突いて、ネットの中をのぞきこんでいる。みずみずしく、精悍な顔つきのイワナが、ネットに横たわっていた。

「ありがとう。やっと夏イワナに会うことができたよ」

そう言って彼は、ぼくの手を握りしめた。

ちょっとの間彼は、じっとイワナを見つめていた。それから、ネットの中のイワナをつかみ出し、流れにつけた。イワナは苦しいのか、口をぱくぱくしていた。彼はイワナを握っていた指を、そっと緩めた。

と、イワナはゆるゆると、ちろちろ揺れる木もれ日の流れに、もぐりこんでいった。

彼はイワナが見えなくなるまで、ずっと目で追っていた。

「来年。また、ここに来れるかな……」

彼は谷の奥に目をやりながら、ぼそっとつぶやいた。

「来てくれ。待ってるから」

彼は二度、三度小さくうなずいた。

谷間に降る蝉しぐれにつつまれた二人は、時間が経つのも忘れて座りこんでいた。

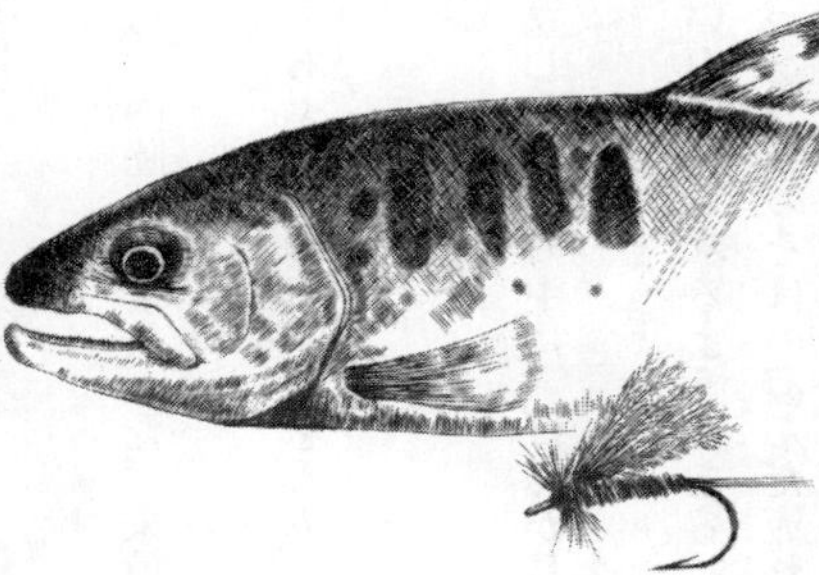

あとがき

平成二十八年八月三十日。台風十号が岩手県の沿岸から、内陸部へ侵入した。未曾有の豪雨は、不意打だったという。

山が崩れて、なぎ倒された樹木が川を塞ぎ止め、川からあふれた濁流が町を呑みこんだ。

逃げ遅れた住民も居り、尊い命が奪われた。

大雨で道路が、ずたずたに寸断され、多くの集落が孤立した。その中に、ぼくが長年通っていた、川沿いの集落も含まれていた。

岩泉町の安家《あっか》川上流域に位置する集落は、十数戸が深い山に埋もれるようにある。

初めてこの地に足を踏み入れたのは、四十数年も前だった。家のそばの澄んだ流れ、切れこんだ山あいの沢には、土着のイワナがひしめいていた。村をうろつく釣り人のぼくに、会うと村人は必ず声を掛けてくれた。イワナが棲息する豊かな自然と、ほっと気が休まる村の雰囲気に、ぼくはとりこになっていた。

この地を訪れるたびに、村人と言葉を交わしていたら、いつしか親しくなり友人や知人ができていた。

台風十号の直後、居ても立ってもいられず、友人のAさんに毎日、何度も電話をかけた。まったく通じなかった。テレビを観ても、孤立した集落の詳しい情報は、流れてなかった。

じりじりしていたら、突然Aさんから連絡があった。ほっとした。無事だったのだ。

「心配かけたな。集落のみんな、生きてるよ。でもな、川はめちゃくちゃだ。山がぶっ壊れてな。樹や土砂で、どこの沢も埋まってしまった。イワナ、全滅したかもしれねぇ……」

なぜ三年前の台風の襲来を、冒頭に持ち出したかには理由がある。今回、文庫本になる十八年前に発行された『イーハトーブ釣り倶楽部』の中に収められている二編、「かむら旅館」と「六月の雨男」の場所が、台風十号の被災地でもあった。そこで起こった、忘れてはならない数々の出来事を、書き留めておかなければならない。そう考えたのです。

岩泉町元村の「かむら旅館」は、この地域でたった一軒しかない、古くからの宿である。

ぼくが若い頃からお世話になっていた、なじみの宿だった。

宿の目の前を清らかな安家川が流れ、三陸沿岸の野田村で、太平洋に注いでいる。

安家川流域で、元村の集落は戸数が多く、川を挟んで民家が点在している。かむら旅館の安否がわかったのは、台風上陸から一週間ほど後で、高台に家がありは難を逃れた、Sさんと連絡が取れたからだ。彼は安家川に棲息する二枚貝、カワシンジュガイの保護活動を続けている。

あの日、誰もがまさかと思っていたら、濁流は道路を乗り越えて、かむら旅館や軒を並べる家に押し寄せたという。命からがら、裏山へ逃げた人も居ったそうだ。旅館は壊れたが、家族は無事だと聞いて、胸を撫で下ろした。後一つ、気がかりがあった。岩泉町の天然記念物に指定されている、清流に棲息するカワシンジュガイの事だった。絶滅したのでは、という噂もあった。

「まだ、川に入れないもんで……」

と彼は、言葉を濁した。こんな非常時に貝などの話をするのは不謹慎と、はばかっての事だろうか。

十日ほど経って、Sさんから電話が入った。

「すみません。だめです。一個も見つかりません」

何も謝ることはないのに、彼は少し気落ちした声で、カワシンジュガイがどうなったのか話してくれた。まず、何時も川底にびっしりと張りついていた場所を、箱メガネで丹念にのぞいたが、跡形なくカワシンジュガイは消えていたという。心当たりの場所を数か所、探したが一個も見当たらない。

「これまで何度も、洪水はありました。その度にカワシンジュガイは、よみがえってきました。きっと、どっかで生きてます」

彼は、そう自分を励ますかのように言って、電話を切った。その後、人伝《ひとつて》に細沢で数個のカワシンジュガイが見つかった、という話を聞いた。真実なのか、どうかわからなかった。それならSさんに訊《たず》ねれば、はっきりするのだが、電話するのをためらっていた。

「六月の雨男」では、川の名と雨男の氏名が伏せてある。川の名を記載したら、勘が働く読者には雨男が誰なのか、ばれてしまうのではないか。そんな小賢しい料簡《りょうけん》があったのだ。

この際だから、川の名と雨男の氏名を明かすことにする。川は遠野の猿《さる》ケ《が》石《いし》川支流、小烏瀬《こがらせ》川。雨男の正体は、フライフィッシングの先駆者で、名著『バックパッキング入門』の作者でもある、芦澤一洋さんです。

三十数年前になろうか。彼が遠野の川で、サオを振りたいと岩手にやってきた。初めて彼を案内した川が、小烏瀬川だった。川には、たっぷりと水があり、緩やかに流れていた。季節はたぶん、新緑の六月だった気がする。

魚影は濃かった。一度毛バリを食いそこねたイワナが、Uターンして戻り、また毛バリをくわえた。そんな大らかなイワナに、彼は笑っていた。彼は遠野の川が気に入ったのか、時間をつくって足を運ぶようになった。

ある年。夏の夕暮れ時。カナカナと、ヒグラシが鳴いていた。バシャ、バシャ。ふいに小烏瀬川の川面が、騒がしくなった。ヤマメが、羽化した川虫をあさりはじめたのだ。二人は急いで毛バリを放り込んだ。水しぶきが上がった。入れ食いだった。俄《にわか》雨《あめ》みたいな魚たちの食事は、一時で終わった。二人は川岸に腰を下ろした。

「いいよ、ここ。桃源郷だよ」

彼の目には、のどかな里川のたたずまいが、桃源郷に映ったのだろうか。しかし、小烏瀬川は見る影もなく荒れ果てた。台風十号の大雨で、至る所護岸が崩壊、川底は深くえぐれて岩石が露出した。「六月の雨男」の二人が駆けこんだ民家にも、濁流はなだれこんだ。

もし彼が元気でいたら、この惨状を見て、何と言うだろうか。彼が逝去したのは、一九九六年九月の末だった。

今年の夏は、ひどい暑さだ。真夏日が続く中、久しぶりにAさんから電話が入った。

「あのさ。イワナ、沢さ戻ってきた」

彼は挨拶もそこそこに、こう切り出した。

集落の道路修復工事が一段落したので、奥地の沢へ、もぐりこんでみたという。

「沢、浅くなってな。水は、ちょろちょろだった。何かよ、水たまりで動いてた。イワナだ。四、五匹いたな。たんまげたよ。イワナは強ぇな。えらい奴だ。来てみろよ」

そう弾んだ声で言うと、からから笑った。Aさんの話に、すぐにでも行きたかったが、雑用に追われて、動きが取れなかった。

九月に入ったら、やっと朝晩が涼しくなった。いま、珈琲を飲みながら、このあとがきを書いている。アユ釣りは不漁で、間もなく川釣りも禁漁となる。来年、新緑の春になったら、安家川へ出かけるつもりだ。Sさんと会って、一緒にカワシンジュガイを見たいのだ。それと、沢に帰って来たという、イワナにも会いたかった。


令和元年九月、喫茶店「チャフ」にて　村田 久

＊初出一覧

第一部

『FlyFisher』（つり人社・一九九三年七月号〜二〇〇〇年十月号）

第二部

追憶の遠野行『RIVER-WALK Vol.2』（RIVER-WALK・二〇一八年）

蝉しぐれ　書き下ろし

＊本作品は、二〇〇一年に小学館より単行本『イーハトーブ釣り倶楽部』として刊行されたものを底本に、新原稿を収録し、文庫化したものです。

＊記述内容は当時（主に昭和三十～六十年代）のもので、現在とは異なる場合があります。

村田 久（むらた・ひさし）／一九四二年、北海道生まれ。岩手県一関市在住。エッセイストとして活動するほか、アウトドアインストラクターとして講演やシンポジウムで幅広く活躍。著作に本書のほか、『あの谷の向こうに』『山を上るイワナ』（つり人社）、『家を抜け出し、川に佇つ』（平成22年度岩手県芸術選奨受賞）、『岩手は今日も釣り日和』（小学館）、ヤマケイ文庫『新編 底なし淵』（山と溪谷社）などがある

カバーイラスト＝幸山義昭
カバーデザイン＝松澤政昭
本文ＤＴＰ＝千秋社
校正＝若林 輝（RIVER-WALK）
編集＝若林 輝（RIVER-WALK）
稲葉 豊（山と溪谷社）

イーハトーブ釣り倶楽部

二〇一九年十一月五日　初版第一刷発行

著　者　村田　久
発行人　川崎深雪
発行所　株式会社　山と溪谷社
郵便番号　一〇一－〇〇五一
東京都千代田区神田神保町一丁目一〇五番地
https://www.yamakei.co.jp/

■乱丁・落丁のお問合せ先
山と溪谷社自動応答サービス　電話〇三－六八三七－五〇一八
受付時間／十時～十二時、十三時～十七時三十分（土日、祝日を除く）
■内容に関するお問合せ先
山と溪谷社　電話〇三－六七四四－一九〇〇（代表）
■書店・取次様からのお問合せ先
山と溪谷社受注センター　電話〇三－六七四四－一九一九
ファクス〇三－六七四四－一九二七

フォーマット・デザイン　岡本一宣デザイン事務所
印刷・製本　株式会社暁印刷
定価はカバーに表示してあります

Printed in Japan ISBN978-4-635-04875-0